Buch

Mitternachtsmesse – das sind dreizehn geheimnisvolle und faszinierende Erzählungen von trancehafter Schönheit und Magie über die rätselhafte, oft grausame Welt des Orients; dreizehn Geschichten über den Wandel der Zeiten, den Niedergang der Tradition und über das Grauen, die Abgründe und Fallgruben, die sich jederzeit unter der dünnen Oberfläche des Alltags auftun können.

Mit psychologischer Klarsicht und mitleidloser Objektivität erzählt, zeichnen diese Stories auf den ersten Blick bizarre und rätselhafte Ausrisse aus dem Leben von Menschen, die stets mehr Getriebene und Opfer eines übermächtigen Geschehens sind, als daß sie ihr Schicksal selbst zu lenken vermöchten. »Bowles' Figuren«, schreibt Bowles-Biograph Christopher Sawyer-Lauçanno, »sind oft entwurzelte, im Innersten kranke Gestalten, seelische Outcasts, die durch entlegene Wüsten wandern auf der Suche nach dem Alles oder nach dem Nichts. In seinen besten Werken versteht es Bowles mit beispielloser Meisterschaft eine Szenerie von innerer Auflösung, Wahnsinn und existentieller Angst zu zeichnen und die moralische Leere seiner Gestalten zu entlarven. Wie Bowles das schreibt, das ist von ätzender Schärfe, oft unbarmherzig und grausam und finster wie eine sternenlose Nacht. Man liest nicht einfach eine Erzählung von Paul Bowles, man wird von ihr aufgesogen.«

»Hier ist ein erbarmungsloser, glasklarer Erzähler am Werk, gegen dessen luzide Evokationen von Grausamkeit und Verzweiflung beispielsweise der Nihilismus des frühen Hemingway wie bierseliger Trübsinn wirkt.« (Helmut Winter, *Frankfurter Allgemeine Zeitung*)

Autor

Paul Bowles wurde 1910 in New York geboren und studierte in Berlin, Paris und an der Universität von Virginia Musik. Bereits 1929 begann er erste literarische Texte zu veröffentlichen. Nach ausgedehnten Aufenthalten in Nordafrika, auf Ceylon und in Südamerika lebt Bowles seit vielen Jahren in Tanger, Marokko. Im Goldmann Verlag ist von ihm zuletzt die Autobiographie *Rastlos. Erinnerungen eines Nomaden* (Goldmann-Hardcover 30396) erschienen.

PAUL BOWLES

Mitternachtsmesse

Aus dem Amerikanischen
von Pociao

GOLDMANN VERLAG

Die amerikanische Originalausgabe erschien 1981 unter dem Titel
»Midnight Mass« bei Black Sparrow Press, Santa Barbara
Der vorliegende Band basiert auf der zweiten, um eine Erzählung
erweiterten Auflage der Originalausgabe, Black Sparrow Press,
Santa Barbara, 1983

Der Goldmann Verlag
ist ein Unternehmen der Verlagsgruppe Bertelsmann

Made in Germany · 2/91 · 1. Auflage
Genehmigte Taschenbuchausgabe

Umschlaggestaltung: Design Team München
Druck: Elsnerdruck, Berlin
Verlagsnummer: 9923
G.R. · Herstellung: Heidrun Nawrot
ISBN 3-442-09923-4

Inhalt

Mitternachtsmesse

Er kam mittags in Tanger an und ging direkt zum Haus. Im Regen wirkte der Vorhof wenig einladend. Mehrere abgestorbene Bananenstauden waren umgefallen und faulten auf dem gekachelten Boden vor sich hin. Sogar als die alte Amina, die ihn von der Küchentür aus gesehen hatte, durch den Regen watschelte, um ihn zu begrüßen, war er sich des Stapels leerer Lattenkisten und des Rahmens einer verrosteten Gartenschaukel, der hinter ihr aufragte, bewußt.

Beim Mittagessen schmeckte er seine Kindheit in Aminas Suppe wieder. Das Rezept hatte sich nicht verändert; noch immer überwogen Kürbis und Kreuzkümmel. Plötzlich spürte er den kalten Windzug, der durch das Zimmer strich. Er rief nach Amina: das große Fenster in der Küche war kaputt. Er erinnerte sie daran, daß man Geld geschickt hatte, um es zu reparieren. Aber der Wind sei gekommen und habe es wieder eingedrückt, sagte sie, und dabei hätten sie es dann bewenden lassen. Er wies sie an, die Tür zur Küche zu schließen. Als sie es getan hatte, bemerkte er keinen Unterschied.

Er ging durch die Räume. Es war nur die leere Hülse des Hauses, das er in Erinnerung hatte, die meisten Möbel waren verschwunden, es gab weder Teppiche noch Vorhänge. Als er entdeckte, daß keiner der sechs Kamine richtig zog, bekam er erste Zweifel, ob das Haus sich wirklich für die Weihnachtsferien eignete – zumindest in diesem Jahr. Es war das einzige, was seine Mutter ihm – wenn auch widerwillig – hinterlassen hatte. «Was willst du mit dem Haus in Tanger? Du wirst es doch nicht benutzen.»

«Aber ich hänge daran», hatte er eingewandt, «schließlich bin ich darin aufgewachsen.» Sobald sie sich entschieden hatte, es ihm zu vermachen, fing sie an, alle Wertgegenstände zu entfernen. Ein Teppich ging an einen Freund, eine Kommode an einen zweiten, eine Truhe wiederum an jemand anderen, so daß das Haus mehr oder weniger in seinem gegenwärtigen Zustand gewesen sein mußte, als sie starb. In den acht Jahren seit ihrem Tod hatte seine Frau ihn mehrmals gedrängt, eine «Bestandsaufnahme» zu machen; da ihr Interesse jedoch nur einem möglichen Verkauf galt – den er niemals in Erwägung ziehen würde –, hatte er nichts unternommen.

Das Haus war in einem noch schlechteren Zustand, als er erwartet hatte. Er hatte sich der naiven Vorstellung hingegeben, daß die Dienstboten wenigstens versuchen würden, es instandzuhalten, solange er pünktlich jeden Monat Geld schickte. Er hatte auf warmes Wasser gehofft, um sich den Kaminruß von den Händen zu waschen, doch Mohammed erklärte ihm, daß der Heizkessel schon seit einem Jahr vor Madames Tod nicht mehr funktionierte. Der Mann, den sie für die Reparatur bestellte, habe gesagt, der Kessel müsse durch ein neues System ersetzt werden, woraufhin sie sich mit kaltem Wasser begnügte. Während er sich mit einem zerschlissenen Gästetuch aus Leinen die Hände trocknete (sie hatte alle Badetücher weggegeben), dachte er grimmig: Sie konnte der alten Madame Schreiber einen Teppich im

Wert von mehreren tausend Pfund schenken, aber sie konnte es sich nicht leisten, ein heißes Bad zu nehmen.

Er trat hinaus in den Garten. Der Regen hatte aufgehört, aber der Wind fuhr durch die Bäume, die sich unter seinem Ansturm bogen, so daß noch vereinzelt große Tropfen herabfielen. Er betrachtete die riesige weiße Fassade, verwundert, daß er sie je als majestätisch hatte empfinden können. Jetzt wirkte das Haus wie ein Pavillon, wie ein Überbleibsel einer längst vergessenen Ausstellung.

Gegen Ende des Nachmittags war er völlig durchgefroren. Das Haus lag zu nah am Meer. Der Wind kam über die Klippen, angefüllt mit dem Salzdunst der Wellen, und sprühte ihn gegen die Fenster. Wenn er hinaussah, erkannte er den Garten nur schemenhaft hinter jenem salzigen Vorhang, der die Scheiben verschleierte. Im Wandschrank der Bibliothek fand er einen elektrischen Heizofen. Er war alt, gab nur eine bescheidene Wärme ab. Bei verriegelten Fensterläden und geschlossener Tür zog er wahllos ein Buch aus dem Regal und warf sich in einen Sessel. Er las einen Augenblick, blätterte dann zum Ende des Buches und begann auf einem leeren Blatt ein Telegramm an seine Frau zu entwerfen. STORNIERE FLUG. HAUS IN SCHRECKLICHEM ZUSTAND. REPARATUREN ERFORDERLICH. ANKOMME ERSTE JANUARWOCHE. LEIDER KEIN GEMEINSAMES WEIHNACHTSFEST. OSTERN BESSERE JAHRESZEIT. ALLES LIEBE. Auch zu Frühlingsanfang konnte es sehr kalt sein, erinnerte er sich, doch zumindest würden die Kamine funktionieren.

Er hatte seine Bank in Tanger beauftragt, das Telefon anzuschließen; es war eine angenehme Überraschung, die Stimme der Telefonistin zu hören. Die Schwierigkeiten begannen, als er versuchte, ihr Name und Anschrift zu buchstabieren. *«M comme en Marseille? R comme en Robert?»* Dann folgte eine Unzahl von Knackgeräuschen, und die Leitung war tot. Er legte auf und rief die Taxizentrale an. Das Taxi wartete vor dem Postamt auf ihn.

Die ersten Nächte schlief er schlecht. Die Laken waren feucht, und es gab nicht genügend Decken. Selbst bei geschlossenem Fenster blies der Seewind durch das große Schlafzimmer. Jeden Morgen, lange vor Sonnenaufgang, ließen sich zwei Eulen auf der Zypresse neben dem Haus nieder und riefen sich klagend an. In seiner Kindheit hatte er das oft gehört, doch hatte es ihn nie vom Schlaf abgehalten.

Als der Wind sich drehte und die Tage sonnig wurden, konnten die Reparaturarbeiten an den Kaminen beginnen. Das Haus war voller Marokkaner in Overalls und Gummistiefeln. Es war Ramadan; sie arbeiteten ohne ein Wort, ertrugen schweigend Hunger und Durst.

Am Sonntag vor Weihnachten war der Himmel blau und wolkenlos. Der Nordwind hatte die spanischen Berge ungewöhnlich nahe herangerückt. Da die Arbeiter nicht kommen würden, beschloß er spazierenzugehen. Die Pfützen auf der Straße waren getrocknet. Pflanzengerüche und der Duft verbrannten Holzes tanzten im Wind. Besser gestimmt beschloß er, Heiligabend einige Bekannte auf einen Drink einzuladen; es wäre angenehmer, als ausgehen zu müssen – den Abend allein im Haus zu verbringen, konnte er sich nicht vorstellen.

Ein kleiner weißer Wagen erschien und blieb vor dem schmiedeeisernen Tor stehen, etwa dreißig Meter von ihm entfernt. Als er sich näherte, erkannte er Madame Dervaux. Kaum hatten sie sich begrüßt, kam er auf Heiligabend zu sprechen; er forderte sie auf, mitzubringen, wen immer sie wolle. Sie nahm die Einladung sofort an und sagte, sie würde versuchen, einige interessante Gäste mitzubringen. Er wollte eine scherzhafte Antwort geben, doch als er sah, daß sie es ernst meinte, hielt er sich zurück.

In den nächsten Tagen lud er einige weitere Leute ein. Obwohl es ihn kaum kümmerte, wer kam, denn er wollte nur an Heiligabend jemanden im Haus haben, dachte er voller Genugtuung, daß nicht einer der erwarteten Gäste von seiner Mutter eingeladen worden wäre.

Heiligabend war es klar und fast windstill. Der Mond, der genau über dem Haus stand, tauchte den Hof in hartes Licht. Amina hatte gerade das letzte Tablett mit Gläsern in den Salon getragen, als der Doktor eintraf. Er setzte sich mit einem Gin Tonic hin, sah sich im Raum um und runzelte die Stirn.

«Ihre Mutter hatte es nicht leicht in diesem Haus», sagte er. «Es war viel zu feucht, um darin zu wohnen, und viel zu groß, um es in Ordnung zu halten.»

Er bemerkte die Schärfe in seiner Stimme, als er antwortete: «Es war ihre Entscheidung hierzubleiben. Sie liebte es. Sie hätte nirgendwo anders leben wollen.»

Der Pastor trat ein, außer Atem und lächelnd. Es war sein erster Winter in Marokko; der Doktor erklärte ihm das Klima.

Er überließ die beiden ihrem Gespräch, ging in die Bibliothek und zündete das Feuer an, das Mohammed im Kamin vorbereitet hatte. Dann wies er Amina an, mehr

Kerzen zu bringen und im Raum zu verteilen, da er wußte, daß die Gäste sich schließlich in der Bibliothek versammeln würden. Die anderen Zimmer waren kaum möbliert.

Im Hof erklang Gelächter. Madame Dervaux trat ein, mit mehreren jungen Leuten im Schlepptau. Sie kam auf den Gastgeber zu und überreichte ihm einen riesigen Strauß Narzissen. «Riechen Sie», forderte sie ihn auf, «ich habe sie heute nachmittag in Sidi Yamani gepflückt. Die Wiesen sind voll davon.»

Er eilte in die Küche, damit Amina die Blumen ins Wasser stellte. Madame Dervaux folgte ihm, unablässig auf ihn einredend. Sie sei mit einem Poeten, einem Maler und einem Philosophen gekommen, sagte sie, alles Marokkaner. Und setzte hinzu: «Und mit einem sehr charmanten indischen Mädchen aus Paris. Sie sehen –»

Da er dies als Anspielung auf ihr Versprechen verstand, «interessante» Leute mitzubringen, biß er sich auf die Zunge. Schließlich murmelte er: «Aha.»

Als sie in den Salon zurückkehrten, stand Vandeventer leicht schwankend in der Mitte des Raums; er war gerade von einer anderen Party gekommen. Der Pastor war mit den jungen Leuten in die Bibliothek gegangen. Als Madame Dervaux sie lachen hörte, eilte sie ihnen nach.

Er plazierte Vandeventer in der Nähe des Doktors, schenkte sich einen Scotch pur ein und schlenderte in Richtung Bibliothek. Auf der Türschwelle hörte er, wie der Pastor heiter zu einem der jungen Marokkaner sagte: «Sie sollten lieber vorsichtig sein. Eines Tages wachen Sie auf und finden sich in der Hölle wieder.»

«Nein, nein», antwortete der junge Mann leichthin.

«Die Hölle ist für diejenigen da, die hier nicht genug gelitten haben.» Der Pastor wirkte ein wenig befremdet.

Da er befürchtete, daß das Gespräch zu einer halbtheologischen Diskussion zwischen seinen Gästen entarten könnte, trat er hastig auf die Gruppe zu. «Und Sie», sagte er, an den Marokkaner gewandt, «haben Sie genug gelitten?»

«Zuviel», antwortete dieser schlicht.

Madame Dervaux erhob sich und bat darum, einen Rundgang durch das Haus machen zu dürfen. Er wandte ein, es gebe nichts zu sehen als leere Räume.

«Aber die Zimmer können wir sehen! Und auf den Turm und das Dach gehen. Der Ausblick ist überwältigend.»

«Im Dunkeln?»

«Im Mondschein, im Mondschein», sagte sie verzückt. Die Marokkaner murmelten zustimmend.

«Kommen Sie», sagte er, und alle folgten ihm nach draußen. Ein junger Franzose und seine Frau, die beide am Lycée Regnault unterrichteten, waren eingetroffen und hatten ein weiteres Paar aus Casablanca mitgebracht. Er mußte die kleine Versammlung von Neugierigen am Fuß der Treppe zurücklassen, um zu veranlassen, daß die Neuankömmlinge mit Drinks versorgt wurden. Er selbst goß sich noch einen Whisky ein, den er mit auf den Rundgang nahm.

Einige der Glühbirnen funktionierten nicht, so daß es im Treppenhaus kaum Licht gab. Noch bevor sie zur Tür des Turms gelangten, hörten sie von unten das Donnern des Meeres.

Er ging vor und öffnete eines der Fenster, damit sie sich hinauslehnen und die schwarzen Klippen vor der Küste betrachten konnten. Die einzigen Lichter in der Landschaft waren ein paar flimmernde Punkte drüben in Spanien, auf der anderen Seite der Meerenge von Gibraltar. «Das Ende der Welt», äußerte der Pastor, als er den Kopf wieder zurückzog.

Wenig später, im Flur, holte ihn der junge Marokkaner ein, mit dem er sich in der Bibliothek unterhalten hatte, und blieb an seiner Seite. «Mich durch all diese leeren Zimmer zu führen, ist sehr schlecht», sagte er. «Es ist, als würde man einem Verhungernden Nahrung zeigen.»

«Wie das?» fragte er abwesend.

«Weil ich gezwungen bin, bei meiner Familie zu leben. Es gibt nirgends genug Platz, so daß ich mir nichts sehnlicher wünsche als ein eigenes Zimmer. Fast jede Nacht träume ich von einem Raum, in dem ich malen kann. Kein Wunder, daß mir das Wasser im Mund zusammenläuft, wenn ich so viele Zimmer sehe, in denen niemand wohnt. Es ist ganz natürlich.»

«Vermutlich.» Er empfand die Vertraulichkeit des jungen Mannes als peinlich; sie betonte die Unterschiede zwischen ihnen und gab ihm ein unbestimmtes Gefühl von Schuld.

Nun bestand Madame Dervaux darauf, das Dach zu besichtigen. Er lehnte ab. «Es gibt keine Balustrade.»

«Wir stellen uns einfach in den Mondschein», beharrte sie. «Keiner wird in die Nähe des Randes geraten.»

Er blieb stehen und starrte sie an. «Genau, denn keiner wird das Dach betreten.»

Einen Augenblick lang verzog sie das Gesicht, dann nahm sie ihr Geplapper wieder auf.

Auf dem Weg hinunter wandte er sich dem Maler zu, der noch immer neben ihm herging. «Ich sollte wirklich mehr Zeit hier verbringen», sagte er mit einem entschuldigenden Unterton in der Stimme, «aber um die Wahrheit zu sagen, das Haus ist nicht besonders wohnlich.»

«Wie können Sie so etwas sagen? Es ist ein wunderbares Haus.»

«Es zieht an allen Ecken und Enden», fuhr er fort, als hätte der andere nichts gesagt, «es gibt Ratten in den Wänden und kein heißes Wasser. Die Hälfte der Zeit ist das Telefon außer Betrieb.»

«Aber alle Häuser hier sind so. Der Unterschied liegt darin, daß dieses zehnmal mehr Platz hat als andere.»

Bislang hatte er so getan, als bemerkte er nicht, wohin der Maler das Gespräch lenken wollte, doch jetzt sagte er: «Ich täte nichts lieber, als Ihnen ein Zimmer abzuschneiden und einzupacken, damit Sie es mit nach Hause nehmen können.»

Der Marokkaner lächelte. «Warum sollte ich es mit nach Hause nehmen? Ich könnte es mir ebensogut an Ort und Stelle einverleiben.»

Er lachte; daß der Marokkaner seine Metapher aufgriff, gefiel ihm. «Ja, richtig, das wäre auch eine Möglichkeit», stimmte er zu. Sie waren vor der Tür zur Bibliothek angelangt. «Gehen Sie einfach zur Bar», sagte er zu denjenigen hinter ihm. «Mohammed wird Ihnen geben, was Sie wünschen.»

Hinter der Bibliothek lag ein weiterer Raum, der einen

separaten Flügel des Hauses bildete. In früheren Zeiten hatte man ihn den Wintergarten genannt. Jetzt befand sich nichts darin, und die Tür, die hineinführte, blieb verschlossen, weil die vielen Fenster den Wind vom Meer hereinließen. Als er kurze Zeit später von der Bar zurückkam, sah er, wie Madame Dervaux gerade mit einer theatralischen Geste die Tür aufriß.

«Mon dieu!» rief sie, «hier also sind die Leichen vergraben.»

Jetzt war die Bibliothek voller Menschen, so daß er die Tür erst erreichte, als sie den Maler und den Poeten in das dunkle Zimmer geführt hatte. Er streckte den Kopf hinein und rief: «Es gibt kein Licht hier drin, und wir können die Tür nicht offenstehen lassen. Bitte kommen Sie zurück.» Als sie keine Antwort gaben, schloß er die Tür.

Er hörte Madame Dervaux kreischen, wartete und öffnete dann die Tür einen Spaltbreit, damit sie zurückfanden.

Madame Dervaux kam lachend heraus, warf ihm jedoch einen vorwurfsvollen Blick zu. Der Poet fuhr ungerührt mit seiner Kritik an Baudelaire fort, der Maler aber hörte gar nicht hin. «Was für ein Studio!» murmelte er.

«Es war schrecklich; ein furchtbares Loch, und nicht ein Lichtstrahl!» vertraute Madame Dervaux dem indischen Mädchen an.

Sie war unerträglich. «Aber Madame», sagte er, «Leichen gehören nun mal in die Finsternis!»

«Ein phantastisches Studio», fuhr der Maler fort. «Nordlicht, nichts als Bäume und das Meer. Ein Paradies!»

Er wandte sich dem jungen Mann zu. «Die Decke fällt auseinander. Überall regnet es durch. Ich bezweifle, daß es zu irgend etwas zu gebrauchen ist!»

Der Doktor und der Pastor verabschiedeten sich, und die beiden französischen Paare beratschlagten über den kürzesten Weg zur nächsten Party. Vandeventer stützte sich an der Wand ab und palaverte mit dem indischen Mädchen. Jedermann schaute auf seine Uhr. «Wenn wir zur Mitternachtsmesse wollen, müssen wir jetzt aufbrechen», erklärte Madame Dervaux.

Vandeventer war langsam auf die Gruppe zugegangen. «Haben Sie je solchen Unsinn gehört?» fragte er seinen Gastgeber und deutete mit seinem Glas auf die anderen. «Drei Moslems, eine Hindu und eine Atheistin, die zur Mitternachtsmesse rennen. Lächerlich, wie?»

Er zuckte die Achseln. «*De gustibus*, Sie wissen schon.» Bei sich dachte er: Gott sei Dank gibt es die Mitternachtsmesse. Sonst blieben sie noch ewig. Am nächsten Morgen würden die Arbeiter kommen wie an den anderen Tagen, denn für sie war es kein Feiertag.

Vandeventer nahm ihn beim Arm. «Ich muß Sie verlassen. Herrlicher Abend. Ich bin schon betrunken, aber ich muß meine Frau zum Weihnachtsessen ins Minzah fahren.»

Er begleitete ihn zum Tor, damit er im Hof nicht stolperte. Vandeventer hatte Mühe einzusteigen, aber keine Probleme, den Wagen zu steuern.

Jetzt kamen die restlichen Gäste, einer nach dem anderen, aus dem Haus. Die beiden französischen Paare wünschten gute Nacht, und Mohammed schloß das Tor hinter ihnen. Während sie ihre kleine Gruppe langsam über den offenen Hof führte, verkündete Madame Dervaux plötzlich, daß sie noch schnell einen Blick in die Küche werfen müßten, die sie als *superbe* bezeichnete. Die anderen folgten ihr, bis auf den Maler, der zurückblieb und zu seinem Gastgeber trat.

«Ich hoffe, die Messe gefällt Ihnen», sagte dieser.

«Oh, ich gehe nicht mit. Ich wohne hier in der Nähe.»

Der Wind hatte ein wenig aufgefrischt. Er hörte Madame Dervaux' schrille Ausrufe und Aminas unbekümmertes Lachen. Er starrte den Maler an. «Gut. Bleiben Sie noch einen Moment, wenn die anderen gegangen sind. Ich würde gern mit Ihnen reden.» Er hatte sich entschieden. Was macht es schon aus? dachte er. Soll er das Zimmer benutzen. Es wird sowieso niemand darin wohnen.

Der junge Mann nickte, sein Gesicht nahm einen verschwörerischen Ausdruck an. Als die anderen durch das Tor gingen, sagte er nichts. Statt mit Madame Dervaux in den Wagen zu steigen, schlug er die Wagentür zu und winkte.

Augenblicklich steckte sie ihren Kopf durch das Fenster. *«Oh, le méchant»*, schimpfte sie, *«il va avoir une gueule de bois affreuse!»*

Der Maler lächelte und winkte erneut.

Er beobachtete die Szene vom offenen Tor aus. Als die Rücklichter am Ende der dunklen Straße verschwunden waren, wandte er sich zu dem jungen Mann und sagte: «Ich wollte Sie nur wissen lassen, daß ich keinen Grund sehe, warum Sie den Wintergarten nicht benutzen sollten.»

Die Augen des jungen Mannes strahlten; er äußerte

seine Dankbarkeit ausgiebig. Nachdem sie sich die Hand geschüttelt hatten und er durch das Tor gegangen war, drehte er sich noch einmal um und rief: «Heute nacht werde ich nicht mehr von einem Zimmer träumen müssen.»

Sein Gastgeber lächelte flüchtig und verriegelte die Tür. Der Wind fegte um die Bananenstauden, schlug ihre Blätter aneinander. Er war mit seinem Entschluß zufrieden. Das Haus erschien realer, jetzt, da er wußte, daß jemand diesen kleinen Teil benutzen würde. Er ging von Zimmer zu Zimmer, löschte die Kerzen und knipste das Licht aus. Dann ging er hinauf, um zu schlafen. Amina hatte eine Vase mit Madame Dervaux' Narzissen auf den Nachttisch gestellt. Ihr Duft, von der Meeresluft getragen, erreichte ihn, als er einschlief.

Er fuhr Ostern nicht nach Tanger, und auch nicht im Sommer. Im September erfuhr er, daß die äußerst wohlhabende und einflußreiche Familie des Malers das ganze Haus mit Beschlag belegt hatte. Sein Anwalt war nicht imstande, sie auf die Straße zu setzen. Kurz vor Weihnachten erhielt er die Nachricht, daß das Grundstück, da es zu landwirtschaftlicher Nutzfläche erklärt worden war, nicht länger ihm gehörte. Er reagierte gelassen auf den Verlust, doch seine Ruhe wurde jäh erschüttert, als ihm wenige Monate später zu Ohren kam, daß das obere Stockwerk und der Turm an Madame Dervaux vermietet worden waren.

Das kleine Haus

Das kleine Haus war vor sechzig oder siebzig Jahren gebaut worden. Damals lag es an der Hauptstraße eines Dorfes, mehrere Meilen außerhalb der Stadt; jetzt aber war die Stadt von allen Seiten herangekrochen. Ursprünglich hatte es nur das Erdgeschoß gegeben, doch irgendwann hatte man über der Küche einen Raum hinzugefügt. Bei klarem Wetter war es noch immer möglich, von einem der Fenster dort oben die Kette der fernen Berge im Südwesten zu sehen. Hier saß Lalla Aïcha am liebsten, ließ die Perlen ihrer Gebetskette durch die Finger gleiten und dachte darüber nach, wie sehr sich ihr Leben verändert hatte, seit ihr Sohn sie zu sich in die Stadt genommen hatte. Irgendwo hinter den Bergen lag das Tal, in dem sie ihr Leben verbracht hatte. Sie erwartete nicht, es wiederzusehen.

Zuerst hatte sie den Umzug in die Stadt für einen großen Triumph gehalten, aber jetzt war sie sich nicht mehr so sicher. Es stimmte, daß das Essen besser war und reichlich, doch das Haus war sehr klein, und sie fühlte sich darin eingesperrt. Insgeheim war sie enttäuscht, daß Sadek keine bessere Frau als Fatoma gefunden hatte, obgleich Fatomas Eltern ein großes Haus in der Nähe besaßen. Sie fand, daß sie Sadek als Gegenleistung dafür, daß er ihre unnütze Tochter geheiratet hatte, einen Teil ihres Hauses als Wohnung hätten anbieten müssen. Sie alle hätten problemlos Platz darin gefunden, ohne sich gegenseitig zu stören. Doch als sie dies vor Sadek erwähnte, lachte er nur.

Die jungen Leute waren schon über ein Jahr verheiratet, aber es gab kein Anzeichen für ein Kind – ein Umstand, für den Lalla Aïcha das Mädchen verantwortlich machte, ohne zu wissen, daß das Paar übereingekommen war, erst dann eine Familie zu gründen, wenn etwas Geld dafür beiseite gelegt war.

Fatoma war nervös und unglücklich seit dem Tag, an dem Lalla Aïcha bei ihnen eingezogen war. Die alte Frau war sehr eigen, was ihr Essen anging, und nörgelte ständig an Fatomas Haushaltsführung herum. Was immer das Mädchen auch gerade tat, Lalla Aïcha stand daneben und beobachtete alles, dann schüttelte sie den Kopf und sagte: «So haben wir das zu meiner Zeit, als Moulay Youssef noch lebte, nicht gemacht.» Sie fand, daß Fatoma nicht genug Sorgfalt auf Sadeks Essen verwandte, wenn er von der Arbeit nach Hause kam.

«Warum muß er eine halbe Stunde warten, bevor er essen kann?» fragte sie. «Warum hast du nicht alles fertig, so daß du den *taifor* aus der Küche hereintragen kannst, sobald er hereinkommt? Er ist zu gut zu dir, das ist es, und du nützt seine Gutmütigkeit aus.»

Dann nahm Lalla Aïcha Sadek beiseite und erzählte ihm, wie sehr Fatoma sie verabscheute und wie entwürdigend sie sie behandelte. «Sie geht nicht mit mir spazieren, und sie erlaubt nicht, daß ich sie zum Markt begleite. Ich will hin und wieder ausgehen, aber allein kann ich es nicht. Und neulich, als sie mich zum Arzt brachte, ist sie so schnell gegangen, daß ich kaum Luft bekam. Ich weiß, sie wünscht, daß ich tot wäre, das ist es.»

Sadek lachte und sagte: «Du bist verrückt.»

Seit die alte Frau zu ihnen gezogen war, hatte Fatoma sie zu überreden versucht, den *haïk* abzulegen und eine Dschellaba zu tragen wie die anderen Frauen in der Stadt, aber Lalla Aïcha mißbilligte Dschellabas bei Frauen und sagte, daß Moulay Youssef solch schamlose Sitten ganz sicher verboten hätte. Für Fatoma war der *haïk* ein Symbol für das Landleben, und auf gar keinen Fall wollte sie mit einem Bauernmädchen verwechselt werden. Es erfüllte sie mit Scham, neben einer torkelnden alten Frau im *haïk* durch die Straßen zu gehen.

Bei jeder Gelegenheit erinnerte Fatoma Lalla Aïcha daran, daß sie ihr das beste Zimmer im Haus überlassen hatten. Beide wußten, daß dies nicht der Fall war. Sicher, es hatte mehr Fenster und mehr Licht als der Raum, in dem das Ehepaar schlief. Aber es lag im oberen Stockwerk, und bei jedem starken Regen taten sich neue Risse in der Decke auf, während Sadek und Fatoma es in einem Zimmer neben der Küche gemütlich hatten.

Keine der beiden war sich ihrer Stellung im Haus sicher genug, um offene Feindschaft zu riskieren; jede befürchtete, daß Sadek aus unerklärlichen Gründen Partei für die andere ergreifen könnte. Daher hielten sie sich in seiner Gegenwart zurück, und das Leben im Haus verlief relativ ruhig.

Seit einiger Zeit merkte Lalla Aïcha, daß sich in der Mitte ihres Rückens eine fleischige Geschwulst bildete, erzählte jedoch niemandem etwas davon. Eines Tages, als er ihr half, vom Boden aufzustehen, wo sie gesessen hatte, spürte Sadek die knollenartige Verdickung unter ihrem Kleid und schrie überrascht auf. Es war nicht einfach, sie dazu zu bringen, einen Arzt aufzusuchen, doch Sadek war entschlossen, und schließlich setzte er sich durch. Der Arzt empfahl, den Tumor so schnell wie möglich zu entfernen, und setzte einen Termin für die Operation fest.

In den letzten Tagen vor der Aufnahme ins Krankenhaus war die alte Frau gereizt. Sie hatte gehört, daß man die Anästhesie fürchten mußte, sie hatte Angst zu verbluten, und sie ließ keinen Zweifel daran, daß sie der Medizin der Ungläubigen nicht traute.

«Keine Sorge», sagte Sadek, «alles wird gutgehen.»

Am Abend bevor sie ins Krankenhaus ging, saßen Sadek und Fatoma in ihrem Zimmer und zankten sich über die voraussichtlichen Kosten der Operation. Lalla Aïcha war hinaufgegangen und suchte die Sachen zusammen, die eingepackt werden sollten.

«All das Geld, das ich gespart habe, weil ich billig einkaufte», sagte Fatoma bitter.

«Wenn es deine eigene Mutter wäre, würdest du nicht so denken», sagte er.

Sie antwortete nicht. Es klopfte an der Haustür. Lalla Halima, eine ältere Frau, die auf der anderen Straßenseite wohnte, war gekommen, um Lalla Aïcha zu besuchen und sich von ihr zu verabschieden.

«Sie ist oben», sagte Fatoma gleichgültig. Ächzend und stöhnend stieg die Frau die Treppe hinauf, während Sadek und Fatoma ihren traurigen Streit fortsetzten.

Am Morgen, als Lalla Aïcha zum Krankenhaus gegangen war und Fatoma und Sadek beim Frühstück saßen, sah Sadek sich im Zimmer um. «Es scheint sich etwas verändert zu haben, seit sie weg ist, nicht wahr?»

«Es ist ruhig», antwortete Fatoma.

Er drehte sich schnell zu ihr um. «Ich weiß, daß du sie nicht gern hier hast. Ich weiß, daß sie dich nervös macht. Aber sie ist meine Mutter.»

Fatoma gab sich gekränkt. «Ich habe nur gesagt, daß es ruhig ist, und das stimmt.»

Am Nachmittag, als Sadek von der Arbeit kam, stellte Fatoma ihm einen großen Korb hin. Er hob ihn auf und sagte: «Er ist schwer.»

«Bring ihn deiner Mutter ins Krankenhaus. Es ist ein Tajin mit Zitrone, noch heiß.»

Es war das Leibgericht seiner Mutter. «Bei Allah, da wird sie sich freuen!» sagte er und küßte Fatoma. Er war glücklich, weil sie sich so viel Mühe gemacht hatte.

Als er zum Hospital kam, war die Tür verschlossen. Er klopfte gegen die Scheiben. Ein Wärter erschien und erklärte, die Besuchszeit sei vorbei und ohnehin dürfe kein Essen von draußen mitgebracht werden. Sadek versuchte es mit Schmeichelei, mit Betteln und Drohungen, doch ohne Erfolg. Der Wärter schloß die Tür und ließ ihn mit seinem Korb auf der Treppe stehen.

Weder Fatoma noch er mochten Tajin mit Zitrone, so daß er nicht viel Sinn darin sah, es wieder mit nach Hause zu nehmen. Es wäre eine Sünde, das Essen wegzuwerfen; es mußte gegessen werden, solange es heiß war. Dann fielen ihm Fatomas Eltern ein, die ganz in der Nähe des Hospitals wohnten. Sie liebten die traditionellen Gerichte und würden sich sicher freuen, wenn er ihnen ein frisches Tajin brachte.

Er fand Fatomas Mutter in der Küche, begrüßte sie

und holte den Topf aus dem Korb. «Hier ist ein Tajin, das Fatoma heute gekocht hat», sagte er.

Sie strahlte über das ganze Gesicht. «Si Mohammed wird entzückt sein, wenn er sieht, was wir heute abend zu essen haben», sagte sie.

Früh am nächsten Morgen, noch ehe Sadek gefrühstückt hatte, klopfte es heftig an der Tür. Die beiden Polizisten, die draußen standen, packten ihn und warfen ihn in einen Jeep, ohne zu erlauben, daß er sich von Fatoma verabschiedete.

Seine Verwunderung hielt nicht lange an. Auf der *comisaría* zeigten sie ihm den Korb und den Topf, der noch einen Großteil des Tajin enthielt. Man erklärte ihm, das Essen sei vergiftet und seine Schwiegermutter tot. Si Mohammed, der im Krankenhaus lag, hatte ihn des Mordes bezichtigt.

In diesem Augenblick hatte Sadek nur einen Gedanken: Fatoma hatte versucht, seine Mutter zu töten. Durch das lange Verhör verwirrt, murmelte er einige seiner Sorgen laut vor sich hin; diese Wortfetzen erweckten die Aufmerksamkeit der Polizei.

«Allah hat sie bestraft! Sie wollte meine töten und tötete ihre eigene.»

Bald kamen sie dahinter, daß er von seiner Frau sprach, schenkten seinen Worten jedoch keinen Glauben, bis man den Wärter des Krankenhauses herbeigeholt und dieser sie bestätigt hatte. Der Mann sagte, er erinnere sich sehr gut an Sadek, weil er so unangenehm aufdringlich gewesen sei, um seiner Mutter das Essen bringen zu können.

Sie schickten nach Fatoma. Sie war erschüttert über

den Tod ihrer Mutter und entsetzt über Sadeks plötzliche Verhaftung. Ihre Aussage war unverständlich bis auf das Eingeständnis, daß sie Sadek den Korb mit dem Tajin gegeben und ihm gesagt habe, er solle ihn ins Krankenhaus bringen. Man sperrte sie in eine Zelle.

Es vergingen mehrere Wochen, bis es zur Gerichtsverhandlung kam. Lalla Aïcha war aus dem Krankenhaus entlassen worden und nach Hause gegangen, wo sie niemanden antraf. Sie nahm die schlimmen Neuigkeiten über Sadek und Fatoma scheinbar völlig ungerührt auf, schüttelte den Kopf und sagte: «Es stand geschrieben.»

«Sie versteht nicht, was passiert ist», tuschelte man hinter ihrem Rücken. «Es ist zuviel für sie, armes Ding.»

Man brachte ihr jeden Tag etwas zu essen, damit sie nicht zum Markt gehen mußte. Statt zu ihrem Zimmer hinaufzusteigen, richtete sich Lalla Aïcha im Zimmer des Ehepaares ein. Den Nachbarn erklärte sie, bis Sadek und Fatoma wieder nach Hause kämen, würde sie sich vollkommen von ihrer Operation erholt haben und könnte die Treppe wieder leichter hinaufsteigen.

«Sie begreift immer noch nichts», flüsterten sie sich zu.

In der Verhandlung bestätigte Fatoma, daß sie Sadek den Korb gegeben hatte, wollte jedoch nichts von Gift im Essen wissen.

«Aber du gibst zu, daß das Tajin aus deiner Küche stammte.»

«Natürlich», sagte Fatoma. «Ich war dabei, als die alte Frau es vorbereitete. An dem Nachmittag, ehe sie ins Krankenhaus ging, stellte sie alles so für ein Tajin zusammen, wie sie es am liebsten mag. Sie sagte, ich solle es am nächsten Tag kochen und Sadek beauftragen, es ihr ins Hospital zu bringen.»

Dies hielt das Gericht für eine unwahrscheinliche Geschichte. Es vertagte sich und beschloß, in seiner nächsten Sitzung Lalla Aïcha zu vernehmen.

Ganz von ihrem *haïk* verhüllt, betrat die alte Frau den Zeugenstand. Man forderte sie auf, ihn vom Kopf zu nehmen, damit man hören könne, was sie zu sagen habe. Jedermann war verblüfft, als sie mit stolzer Stimme verkündete, daß sie das Tajin tatsächlich mit eigenen Händen vorbereitet habe. «Ja, ja», sagte sie, «ich mag es gern mit viel eingelegten Zitronen.»

«Und was hast du sonst noch hineingetan?» fragte der Kadi mit geheuchelter Freundlichkeit.

Lalla Aïcha fing an, eine Unzahl von Zutaten aufzureihen. Dann hielt sie inne und fragte: «Willst du das ganze Rezept?»

Jedermann lachte. Der Kadi bat um Ruhe und sagte, sie düster anstarrend: «Ich verstehe. Wir haben es mit einer Spaßmacherin zu tun. Setz dich. Wir kommen später noch zu dir.»

Lalla Aïcha setzte sich hin und starrte in ihren Schoß, während sie, leise vor sich hin murmelnd, mit den Perlen ihrer Gebetskette spielte. Hin und wieder warf der Kadi ihr einen wütenden Blick zu, erzürnt ob ihrer Gleichgültigkeit. Er wartete auf die Nachricht eines Experten, der in Sadeks Haus zurückgeblieben war, als man Lalla Aïcha zur Verhandlung geholt hatte. Bald war es soweit. In einem Schrank im oberen Zimmer hatte man unter ihren Kleidern eine halbvolle Dose mit dem gleichen Rattengift gefunden, mit dem das Tajin vergiftet gewesen war.

Der Kadi strahlte triumphierend, als er nun Lalla Aïcha in den Zeugenstand rief. In der linken Hand hielt er die Blechdose, die er vor ihr schüttelte. «Kennst du diese Dose?» fragte er.

Lalla Aïcha zögerte keine Sekunde. «Natürlich kenne ich sie. Sie gehört mir. Ich habe sie für das Tajin gebraucht.»

Erstauntes Gemurmel erhob sich im Saal; die Zuschauer hatten sich darauf geeinigt, die alte Frau für geistesgestört zu halten. Einen Augenblick saß der Kadi mit offenem Mund und aufgerissenen Augen da. Dann runzelte er die Stirn.

«Du gibst also zu, daß du es warst, die das Gift in das Tajin gemischt hat?»

Lalla Aïcha seufzte. «Ich habe dich gefragt, ob du das ganze Rezept willst, aber du wolltest nicht. Ich habe ein halbes Kilo Zitronen hineingetan. Sie überdecken den Geschmack des Pulvers.»

«Fahr fort», sagte der Kadi und sah sie böse an.

«Es war ein Essen speziell für mich», sagte sie mit einem Unterton von Entrüstung in der Stimme. «Für niemanden sonst. Es war Medizin. Du glaubst doch nicht etwa, daß ich es hätte essen wollen? Das Gift im Tajin sollte das Gift aus meinem Körper ziehen.»

«Ich weiß nicht, wovon du sprichst», sagte der Kadi.

«Man nimmt es in den Mund und spuckt es wieder aus. Dann nimmt man wieder etwas in den Mund und spuckt es aus und so fort. Dazwischen spült man den Mund mit Wasser aus. Das ist eine alte Medizin aus meinem *tchar*. Es befreit den Körper von allem Gift.»

«Ist dir klar, daß du mit diesem Unsinn eine Frau getötet hast?»

Lalla Aïcha schüttelte den Kopf. «Nein, nein. Es stand geschrieben, das ist alles.»

Vom anderen Ende des Saals erklang Fatomas schrille Stimme: «Lüge! Alles Lüge! Sie wußte, daß man das Essen nicht hereinlassen würde. Sie wußte es, bevor sie ins Krankenhaus ging!»

Man brachte Fatoma zum Schweigen. Der Kadi machte sich jedoch eine Notiz, und als sie am nächsten Tag in den Zeugenstand gerufen wurde, forderte er sie auf, ihre Anschuldigung zu begründen. Das Resultat ihrer Aussage war, daß man nach ihr die Nachbarin Lalla Halima vernahm. Auch sie mußte aufgefordert werden, ihren *haïk* zu lösen, was sie mit sichtlichem Widerwillen tat.

«Zwei, vielleicht auch drei Tage vor ihrer Aufnahme ins Krankenhaus besuchte ich Lalla Aïcha. Ich wollte ihr etwas Gutes tun, deshalb sagte ich: ‹Ich werde meine Tochter bitten, ein paar *cabrozels* und vielleicht etwas *mrozeya* zu machen und dir ins Krankenhaus zu bringen.› Sie antwortete ‹Das ist nett von dir, aber es hat keinen Zweck. Sie haben eine neue Vorschrift, wie mir der Arzt erklärt hat, sie lassen nichts von draußen mehr herein.› Ich wies meine Tochter trotzdem an, einige *cabrozels* zu machen, und brachte sie ihr an dem Abend, ehe sie ins Krankenhaus ging. Ich dachte, sie könnte sie in ihre Kleider wickeln und in der Tasche verstecken, damit sie sie nicht bemerkten.»

«Das genügt», sagte der Kadi und entließ sie mit einer Handbewegung. Seine Augen funkelten, als er zu Lalla Aïcha sagte: «Und was wirst du mir jetzt erzählen?»

«Ich habe dir alles erzählt», entgegnete sie ruhig. «Ich

war so sehr damit beschäftigt, meine Medizin zu machen, daß ich ihre Vorschrift vergaß. Ich bin eine alte Frau. Es war mir entfallen.»

In einer Ecke des Saals entstand ein Tumult, als Fatoma schrie: «Sie hatte es nicht vergessen! Sie wußte, daß Sadek es zu meiner Mutter bringen würde!»

Noch immer schreiend und gegen ihre Bewacher kämpfend, wurde Fatoma aus dem Saal entfernt. Lalla Aïcha stand ruhig da und wartete, daß man das Wort an sie richtete. Der Kadi sah sie nur an, mit einem zweifelnden Gesichtsausdruck.

Schließlich sagte er gereizt: «Du bist eine dumme und ungebildete Frau. Wer hat je davon gehört, daß Gift im Mund Gift im Blut absorbiert? Meinst du wirklich, irgend jemand würde diesen Unsinn glauben?»

Lalla Aïcha blieb unbeeindruckt. «Ja», sagte sie geduldig. «Jeder weiß, daß die Medizin der Ungläubigen besser funktioniert, wenn man gleichzeitig die Medizin der Moslems anwendet. Allahs Macht ist groß.»

In seiner Verzweiflung schloß der Kadi den Fall ab und schickte die drei Angeklagten nach Hause, nicht ohne Sadek zu warnen, daß er für allen weiteren Ärger, den seine Mutter verursachen könnte, verantwortlich gemacht würde, da sie offensichtlich unzurechnungsfähig sei.

In jener Nacht, während Lalla Aïcha im oberen Raum schlief, stellte Fatoma ihrem Mann ein Ultimatum. Entweder er schickte seine Mutter fort, oder sie würde ihn verlassen und zu ihrem Vater ziehen.

«Sie hat meine Mutter getötet. Ich werde nicht mit ihr unter einem Dach leben.»

Sadek war klug genug, dies zu akzeptieren; er widersprach ihr nicht. Angesichts dessen, was sie getan hatte, war auch er zu dem Entschluß gelangt, seine Mutter wieder aufs Land zurückzubringen, wo sie bei ihren Verwandten leben konnte.

Sie nahm die Nachricht gelassen auf, ja schien sie beinahe erwartet zu haben. In der Hoffnung, ihr zu beweisen, daß er nicht ungerecht war und sie nicht einfach nur abschieben wollte, setzte er hinzu: «Du siehst selbst, was du mit deinem Unsinn angerichtet hast.»

Sie drehte sich um und sah ihm in die Augen. «Du hast kein Recht, mich für irgend etwas verantwortlich zu machen», sagte sie. «Es ist nicht meine Schuld, daß du noch immer in diesem kleinen Haus lebst.»

In diesem Augenblick bedeutete ihm die Äußerung nichts; es war nur die Bemerkung einer alten Frau, auf die es keine Antwort gab. Später, als er aus dem *tchar* im Tal zurückgekehrt war und in Frieden mit Fatoma lebte, fiel sie ihm wieder ein. Seitdem dachte er häufig daran.

Die Entlassung

Es sei nicht seine Schuld gewesen, daß er den Job verloren habe, erklärte Abdelkrim seinen Freunden. Mehr als anderthalb Jahre hatte er für Patricia gearbeitet, und sie waren gut miteinander ausgekommen. Das sollte nicht heißen, daß sie nichts an seiner Arbeit auszusetzen gehabt hätte, aber die Christen finden an dem, was Moslems für sie tun, immer etwas auszusetzen, und er war daran gewöhnt. Obwohl sie ihn bei solchen Gelegenheiten ansah, als sei er ein kleines Kind, äußerte sie ihre Kritik freundlicher als die meisten anderen. Seine Aufgaben waren einfach, erforderten jedoch seine ständige Anwesenheit auf dem Gelände. Wenn er nicht ausdrücklich die Erlaubnis erhielt, ins Kino zu gehen oder ein, zwei Stunden in einem Café zu sitzen, war er verpflichtet, jederzeit verfügbar zu sein. Patricia fuhr ausschließlich mit dem Taxi; sie besaß keinen Wagen, so daß Abdelkrim bequem in der Garage wohnen konnte, wo er seine eigenen Mahlzeiten kochte und Radio hörte.

Patricia war vor einigen Jahren aus Kalifornien gekommen und hatte das Haus gekauft. Genaugenommen war sie kein Mädchen, denn sie hatte ihm erzählt, daß sie mit drei verschiedenen Männern verheiratet gewesen sei, doch sie sah aus wie ein Mädchen und benahm sich, erzählte er, wie ein nervöses junges Ding, das Angst hat, keinen Mann abzukriegen. Ich schwöre euch, sagte er, man wäre nie auf die Idee gekommen, daß sie einen Mann gehabt hat.

Sie trug eigenartige Kleider und pfundweise klimpernden Schmuck (alles Silber und Kupfer, sagte er, kein Gold). Selbst ihre Ohrringe klirrten unablässig.

Abdelkrim hatte das Gefühl, daß sie ein nettes Mädchen war, aber verrückter als die meisten Ungläubigen. Selbst wenn es draußen nicht kalt war, verlangte sie ein prasselndes Feuer im Kamin. Es gab eine ganze Menge Lampen im Haus, doch sie zog Kerzen vor; sie war der Ansicht, Elektrizität erzeuge ein totes Licht. Das ganze Haus war voll von Zebrahäuten und Leopardenfellen und einer Sammlung abstoßender holzgeschnitzter Köpfe, von denen sie behauptete, es seien afrikanische Götter. Abdelkrim erkannte sofort, daß sie Teufel darstellten. Er vermied stets, sie direkt anzusehen.

Sechs Monate vor seiner Entlassung war Patricias Mutter zu Besuch gekommen. Sie war eine kleine, reizbare Frau mit hervortretenden schwarzen Augen. Bei ihren häufigen Streitereien mit Patricia schrie sie, und manchmal weinte sie auch; schließlich war er überzeugt, daß es die Mutter war, die Patricia so verrückt gemacht hatte.

Abdelkrims Job bestand aus drei verschiedenen Pflichten: Vormittags mußte er zwei Meilen zum Markt in die Stadt gehen, das Essen für den Tag kaufen und nach Hause bringen. Nachmittags arbeitete er im Garten, und nachts fungierte er als Wachmann. Patricia hatte ihm zu Anfang ihre Bedingungen genannt, und er hatte sie akzeptiert. Seitdem hatte er sich nie länger als eine Stunde ohne Erlaubnis entfernt.

An einem heißen Nachmittag war der Garten ein denkbar ungeeigneter Aufenthaltsort. Da das Haus neu war, gab es nicht einen Busch oder Baum, der groß genug war, um Schatten zu spenden. Abdelkrim machte es nichts aus, in der Sonne zu arbeiten, aber er legte gerne Pausen ein, um eine Kif-Pfeife zu rauchen, und dies am liebsten und mit dem größten Genuß, wenn er irgendwo tief im Schatten saß. Vor fünfzehn Jahren, als er noch ein kleiner Junge war, hatte er schattige Orte in der Nähe gekannt, wo er und seine Freunde spielten. Er besaß lebhafte Erinnerungen an die Pinienwälder bei Moujahedin, an den Hain hoher Eukalyptusbäume, der den Hang von Ain Chqaf bedeckte, und an die langen, schattigen Tunnel, die die Jungen durch den Dschungel aus verflochtenen Schlingpflanzen und Brombeerbüschen vor seinem Haus geschlagen hatten. All dies war jetzt vorbei; neue Villen hatten sich auf dem Gelände ausgebreitet.

Einen Ort jedoch gab es noch, der den Schatten bot, den er in seiner Jugend so geliebt hatte. Ein halbstündiger Fußmarsch von Patricias Haus um die lange Mauer des Friedhofes herum, über die Felder und ins Tal von Boubana hinunter brachte ihn zum Country Club, der mitten in einer Oase von Grün lag. Hinter dem Clubhaus zog sich ein Streifen des ursprünglichen Waldgebietes entlang; ein träge fließender Bach schlängelte sich lautlos hindurch. Der Golfplatz war die meiste Zeit leer; er konnte die Spielbahnen überqueren, ohne Angst, gesehen zu werden, und dann dem Bachlauf folgen, bis er zum Wald gelangte. Wo die hohen Bäume begannen, war es, als trete man in ein riesiges, schweigendes Gebäude. Das Schreien der Zikaden blieb mit der Sonne ausgesperrt.

Wenn er erst einmal dort war, hörte er nichts als das Rascheln der Blätter in den hohen Wipfeln, ein fernes, rauschendes Säuseln, das ihm als vollkommene Musik für einen heißen Sommernachmittag erschien.

Eines Freitags fragte Abdelkrim, ob er am Nachmittag des folgenden Tages freihaben könnte, denn es war ein staatlicher Feiertag. Ohne zu antworten, ging Patricia in ein anderes Zimmer und beratschlagte mit ihrer Mutter. Als sie wiederkam, erklärte sie, daß sie vorgehabt hätten, mit ein paar Freunden aus Amerika ein Picknick zu veranstalten, es aber ebensogut auf Sonntag verschieben könnten.

Der Samstag kam, es war heiß und still. Da eine Parade stattfinden sollte, waren seine Freunde in die Stadt gegangen, um zuzuschauen. Als Abdelkrim die Lebensmittel vom Markt nach Hause gebracht und in die Küche gestellt hatte, ging er leise in seinen Garagenraum. Dort packte er Brot, Thunfisch und Oliven in einen kleinen Beutel zu den anderen Sachen, die einen schönen Nachmittag versprachen, trat durch das Tor und machte sich auf den Weg nach Boubana. Wahrscheinlich hätte er den langen Weg in der Mittagsglut (denn es war außergewöhnlich heiß) nicht angetreten, wenn es irgendeinen schattigen Winkel im Garten gegeben hätte, wo er hätte sitzen, rauchen und in kühler Abgeschiedenheit seinen Tee trinken können. Diese Sonne ist Gift, sagte er sich unterwegs.

Als er den Wald erreichte, war er bereits hungrig. Nicht weit von einem der Pfade entfernt, die sich durch das Unterholz schlängelten, fand er einen großen, flachen Felsen, auf dem er seine Sachen ausbreitete und behaglich sein Mahl verzehrte. Hier läßt sich's wohl sein, dachte er, nicht in der Sonne auf dem Boulevard zwischen fünfzigtausend anderen, die darauf warten, ein paar Festwagen vorbeiziehen zu sehen. Er rauchte mehrere Kif-Pfeifen, legte die Sebsi neben sich auf den Felsen, gähnte und streckte sich. Im selben Augenblick nahm er im Unterholz auf der anderen Seite des Baches eine Bewegung wahr. Er hörte ein Ächzen und Keuchen und dann ein dumpfes Geräusch, als etwas zu Boden fiel. Einen Moment war er wie erstarrt, dann warf er sich mit dem Gesicht nach unten flach auf den Boden.

Die Geräusche kamen näher. Er hob vorsichtig den Kopf und sah nicht weit entfernt fünf Männer, die einen großen schwarzen Kasten trugen und stolpernd den Pfad zwischen den Bäumen entlangkamen. Dann erkannte er, daß der Gegenstand, der beinahe zu schwer für sie zu sein schien, ein Safe war. Zweige brachen unter dem Gewicht, als sie ihn auf ein dichtes Gebüsch fallen ließen. Hastig rissen sie Pflanzen aus und sammelten Arme voll Blätter, die sie darüberhäuften, um alle Spuren des Gegenstandes zu verdecken.

Abdelkrim kroch, noch immer auf dem Bauch, mit größter Behutsamkeit in die entgegengesetzte Richtung. Ein trockener Zweig knackte, als er darüberglitt. Die Geräusche hinter ihm erstarben. Eine Stimme sagte: «Da ist jemand.»

Mit einem Satz war er auf den Beinen und rannte los. Doch dann machte er den Fehler, sich umzuschauen. Die fünf Männer standen da und starrten ihm nach. Einen von ihnen hatte er erkannt und war seinerseits von ihm erkannt worden.

Keuchend lief er aus dem Wald hinaus, quer über ein Feld und bog in einen von Dornbüschen gesäumten Weg ein. Drei Bauern, die unter einem Baum ausgestreckt lagen, beobachteten ihn erstaunt. Er lief etwas langsamer. Als er außerhalb ihrer Sichtweite war, zog er das schweißdurchtränkte Hemd aus. Die Polizei könnte auf die Idee kommen, die Bauern zu befragen.

Er war jetzt sicher, daß niemand ihm folgte. Er erreichte die asphaltierte Straße, auf der hin und wieder ein Auto verkehrte, und atmete leichter.

Was er in jenem kurzen Augenblick gesehen hatte, war das brutale Gesicht von Aziz, dem Barmann im Country Club, gewesen. Jedermann fürchtete ihn und fand ihn widerwärtig, aber der Direktor behielt ihn, weil ein Hieb seiner mächtigen Faust auf den Kopf eines streitlustigen Gastes diesen unweigerlich zu Boden streckte. Von Aziz hieß es, und das nicht nur im Scherz, daß er nur dann betete, wenn er gerade jemanden getötet hatte.

Sollten die Bauern aussagen, daß sie einen jungen Mann gesehen hatten, der den Weg entlangrannte, könnte die Polizei ihn finden und ihm Fragen stellen, und egal, was er dann sagte – Aziz würde, wenn man ihn überführte, nie glauben, daß es nicht Abdelkrim war, der ihn verraten hatte.

Es war noch heißer als zuvor, als er die Brücke überquerte und den Hang hinaufzusteigen begann. Er hatte genug über Aziz gehört, um zu wissen, daß es in seiner Lage das klügste wäre, augenblicklich aus Tanger zu verschwinden. Sein Bruder Mustafa würde sich freuen, ihn wiederzusehen. Agadir war zwar weit, doch einmal dort angekommen, entstünden ihm keine Kosten mehr.

Er ging zum Haus, die Nachmittagssonne brannte ihm auf den Rücken. In der Garage warf er sich auf die Matratze und verwünschte sein Pech. Sein Kif, seine Pfeife, alles, was er mit in den Wald genommen hatte, war auf dem Stein zurückgeblieben.

Er würde den Nachtbus nach Casablanca nehmen, der um halb zwölf Uhr vom Strand abfuhr. Patricia und ihre Mutter durften keinen Verdacht schöpfen; tatsächlich war es seine größte Sorge, wie er aus der Garage und durch das große Tor kommen sollte, ohne daß sie ihn hörten, denn außer dem Zirpen der Grillen gab es in der Nähe des Hauses nachts keine Geräusche. Wenn eine der beiden das Klicken des Tores hinter ihm hörte, würden sie in Morgenmänteln auf die Straße gelaufen kommen und hinter ihm herschreien, das wußte er.

Kurz darauf klopfte Patricia an die Tür und riß ihn aus seinen Gedanken. «Ich meinte, ich hätte dich kommen hören», sagte sie zufrieden. Aus lauter Angst, daß sich die Verwirrung in seinem Gesicht spiegeln könnte, rang er sich ein Lächeln ab, doch sie bemerkte es nicht, denn sie wollte ihm noch etwas sagen. Sie waren um halb acht Uhr von Madame und Monsieur Lemoine zu einer Jilala-Party eingeladen worden, und er konnte eine halbe Stunde mitkommen, wenn er wollte. Die Party sollte in Hadj Larbis Haus stattfinden, nicht weit entfernt, so daß er mühelos vor Einbruch der Dunkelheit wieder zurück sein könnte.

Abdelkrim nickte heftig, mit einem Ausdruck echter Freude. Er merkte, daß sich sein Problem von selbst löste.

Jetzt, da er keine Angst mehr vor der Nacht hatte,

konnte er sie kaum erwarten. Der Koffer, den er mitnehmen wollte, stand bereit; er versteckte ihn in einer dunklen Ecke der Garage. Um Punkt halb acht Uhr stand Monsieur Lemoine draußen auf der Straße und hupte; Madame Lemoine saß steif neben ihm. Patricia, behängt mit Ketten und Medaillons, lief zum Wagen und beugte sich hinein, um mit Madame Lemoine zu schwatzen. Ab und zu hob sie den Kopf und rief *Mutter!* in Richtung des Hauses.

Abdelkrim konnte hören, wie die ältere Frau vor sich hin schimpfte, während sie im Zimmer umherging und ihre Sachen zusammensuchte. Schließlich kam sie aus dem Haus, noch reizbarer als sonst. Er saß zwischen ihnen auf dem Rücksitz.

Hadj Larbis Garten wurde an einem Ende von einer Reihe hoher Zypressen begrenzt, die sich schwarz vor dem dämmrigen Himmel abhoben. Als sie eintraten, kam einer von Hadj Larbis Söhnen, den Abdelkrim kannte, auf ihn zu und führte ihn zu dem Ende des Hofes, wo die Musiker saßen. «Jedes Jahr während des *smayyim* laden wir die Jilala ein, für meinen Onkel», sagte er.

Abdelkrim setzte sich auf eine Matte neben den *moqqadem.* Ein alter Mann in einer weißen Dschellaba trat aus dem Haus und blieb vor den Musikern stehen. Die Trommeln begannen einen langsamen Rhythmus, der Alte beugte sich vor und bewegte sich schleppend über die Steinplatten.

Als die Trommler schneller wurden, brach das Schlurfen ab; jetzt schienen die Beine des Mannes wie von selbst in die Höhe zu schnellen. Er zerrte am Ende der Schärpe, die um seine Taille gebunden war und von einem Mann hinter ihm festgehalten wurde. Seine Augen waren auf das Feuer gerichtet, als wollte er sich hineinstürzen. Die Musik schwoll an, die Trommler schlugen mit den Kanten ihrer *benadir* auf den Boden, und die Raserei des alten Mannes verstärkte sich. Sein Gesichtsausdruck wechselte unablässig, verzerrte sich, als spülten Wellen von Wasser darüber hinweg. Er näherte sich der Gegenwart des Geistes, der ihn über die sichtbare Welt hinaus an einen Ort führen sollte, an dem seine Seele geläutert würde.

Als er schließlich zu Boden stürzte, sprangen mehrere Männer auf und zogen ihn vom Feuer weg. Sie drängten sich um ihn, berührten seinen Kopf, hüllten ihn in eine Decke, hoben ihn vorsichtig auf und trugen ihn davon.

Über den Mauern des *riads* sah Abdelkrim die dunklen Obelisken der Zypressen. Wenn er Sidi Maimoun oder Sidi Rahal anriefe, würden sie ihn nicht beachten, dessen war er sicher; es war zu spät für die Hoffnung, daß junge Leute wie er mit den Heiligen in Verbindung treten könnten. Er schlich sich hinaus in den Garten, sagte dem Diener, der am Eingang stand, gute Nacht und machte sich auf den Weg.

Er holte seinen Koffer aus der Garage, schloß das Tor hinter sich ab, ging zur Bushaltestelle am Strand und versuchte, nicht an die Szene am nächsten Morgen zu denken, wenn sie feststellten, daß er verschwunden war. Er wartete fast drei Stunden, bis der Bus die Türen öffnete und die Passagiere einsteigen ließ.

Zwei Monate später erfuhr er aus zuverlässiger Quelle,

daß Aziz und seine Komplizen nur einen Tag nach der Tat gefaßt worden waren, an der gleichen Stelle im Wald. Sie hatten auf den Safe eingehämmert und versucht, ihn aufzubrechen. Er kehrte nach Tanger zurück und ging sofort zu Patricias Haus. Doch ein Dienstmädchen, das er nicht kannte, überbrachte ihm die Nachricht, daß sie ihn nicht empfangen wollte.

Der Ausdruck des Mädchens war bedauernd; aus Freundlichkeit setzte sie hinzu: «Die Alte und die Junge, beide sagen, sie würden dir nie verzeihen.»

Diese Vorstellung erschien ihr äußerst komisch, und sie lachte.

Abdelkrim wandte sich um und betrachtete wütend den Garten. Mehr zu sich als zu ihr sagte er: «Ein richtiger Baum, und alles wäre anders gekommen.»

Aber sie hatte ihn ohnehin nicht gehört oder nicht verstanden, denn sie lächelte weiter. «Nein, sie wollen dich nicht empfangen», sagte sie.

Malika

I

Malika brauchte niemanden, der ihr bestätigte, wie hübsch sie war. Soweit sie zurückdenken konnte, hatten die Leute über ihre Schönheit getuschelt, denn schon als sie noch ein kleines Mädchen war, galt das Ebenmaß ihres Hauptes, des Nackens und der Schultern als bemerkenswert. Noch ehe sie alt genug war, um am Brunnen Wasser zu holen, wußte sie, daß sie Augen wie eine Gazelle besaß und ihr Hals dem Stiel einer Lilie glich. Wenigstens sagten die älteren Leute solche Dinge.

Auf einem Hügel über der Stadt lag ein großes Gebäude, zu dem palmenüberschattete Wege hinaufführten. Es gehörte den Hermanas Adoratrices. Nachdem sie Malika gesehen hatten, waren einige dieser Nonnen zu ihrem Vater gegangen und hatten ihm angeboten, sie bei sich aufzunehmen und ihr Spanisch und die Kunst des Stickens beizubringen. Er hatte erfreut sein Einverständnis gegeben. «Allah hat uns hergesandt, um zu lernen», sagte er. Malikas Mutter, der es nicht gefiel, daß ihre Tochter bei Ungläubigen aufwuchs, versuchte alles, um ihn umzustimmen; trotzdem verbrachte Malika fünf Jahre bei den Schwestern, bis ihr Vater starb.

Malikas Großmutter pflegte zu sagen, daß sie genauso ausgesehen habe wie Malika, als sie jung war. Wenn sie wieder ein kleines Mädchen werden und sich neben Malika stellen könnte, wären sie kaum auseinanderzuhalten, behauptete sie. Zuerst hielt Malika dies für ausgeschlossen; sie betrachtete aufmerksam das zerfurchte Gesicht der alten Frau und verwarf, ohne zu zögern, diese Vorstellung. Nachdem ihre Großmutter gestorben war, begann sie zu begreifen, was die alte Frau gemeint hatte, als sie sagte: «Nur Allah bleibt derselbe.» Eines Tages würde sie nicht mehr schön sein, jetzt aber war sie es. Als sie alt genug war, um allein zum Brunnen zu gehen und zwei Eimer Wasser nach Hause zu tragen, bedeutete es ihr daher nichts, wenn die älteren Jungen und die halberwachsenen Männer ihr nachriefen und mit ihr zu sprechen versuchten. Sie täten besser daran, ihre Schmeicheleien für die Mädchen aufzuheben, die solche Bestätigung brauchen, dachte sie.

Nahe bei der Stadt gab es eine Kaserne voller Soldaten. Die Männer waren rauh und brutal. Wenn sie einen von ihnen auch nur von ferne erblickte, versteckte Malika sich, bis er verschwunden war. Glücklicherweise verirrten sich die Soldaten nur selten in das ausgetrocknete Flußbett, das zwischen ihrem Haus und dem Brunnen lag; sie schlenderten lieber in Grüppchen über die Hauptstraße, die durch die Stadt führte.

Es kam der Tag, da ihre Mutter von ihr verlangte, auf dem Markt an der Hauptstraße eine Henne zu verkaufen. Sonst hatte dies ihre ältere Schwester getan, aber sie war im Haus eines Nachbarn und half bei Hochzeitsvorbereitungen. Malika bat ihre Mutter, ihr einen *haïk* zu leihen, damit sie das Gesicht bedecken konnte.

«Deine Schwester ist tausendmal auf dem Markt gewesen. Sie trägt nie einen *haïk*.»

Malika wußte, daß ihre Schwester keinen *haïk* trug,

weil niemand ihr Aufmerksamkeit schenkte, doch das konnte sie der Mutter nicht sagen. «Ich habe Angst», sagte sie und brach in Tränen aus. Ihre Mutter hatte wenig übrig für das alberne Getue junger Mädchen und verweigerte ihr den *haïk*. Als Malika aus dem Haus lief, die Henne an den Beinen haltend, griff sie nach einem schmutzigen Handtuch. Sobald sie außer Sichtweite war, wand sie es lose um den Kopf, damit sie es herunterziehen und wenigstens einen Teil ihres Gesichtes bedecken konnte, wenn sie auf die Straße kam.

Mehrere Dutzend Frauen säumten den einen Straßenrand; sie saßen auf dem Boden und hatten ihre Waren vor sich ausgebreitet. Malika ging zum Ende der Reihe, gegenüber einem kleinen Park, wo die Soldaten auf Bänken saßen. Die Leute gingen vorbei und nahmen die Henne in die Hand, um sie zu drücken und zu schütteln, so daß sie ständig gackerte und mit den Flügeln schlug. Malika hatte das Handtuch so weit über die Augen gezogen, daß sie nur noch den Erdboden zu ihren Füßen sehen konnte.

Als ungefähr eine Stunde vergangen war, kam eine Frau vorbei und begann über den Preis der Henne zu verhandeln. Schließlich kaufte sie das Tier; Malika verknotete die Münzen in einem Stoffetzen und sprang auf. Das Handtuch rutschte ihr über das Gesicht und fiel zu Boden. Sie griff danach und eilte die Straße entlang.

II

Die Stadt war heruntergekommen; sie roch nach der Armut, in der die Menschen zu leben gewohnt waren. Es gab auch keinerlei Hinweis darauf, daß es in einer vergangenen Zeit anders hätte gewesen sein können. Der Wind vom Meer trieb den Staub aus den Straßen hoch in die Luft und goß ihn zornig über das Land aus. Selbst die Blätter der Feigenbäume waren weiß überzogen. Der aufgewirbelte heiße Staub brannte auf ihren Waden, als sie um die Ecke der Nebenstraße bog, die in die Schlucht hinunterführte. Sie wickelte das Handtuch über den Kopf und hielt es mit einer Hand fest. Es war ihr nie in den Sinn gekommen, die Stadt zu hassen, denn sie glaubte, daß es überall mehr oder weniger ähnlich aussah.

Die Straße war kaum mehr als eine Gasse, mit Mauern zu beiden Seiten. Plötzlich hörte sie hinter sich den Tritt schwerer Stiefel. Sie drehte sich nicht um. Dann griff eine harte Hand nach ihrem Arm und preßte sie rauh gegen die Mauer. Es war ein Soldat, und er lächelte. Er stemmte seine Arme rechts und links von ihr gegen die Mauer, so daß sie nicht fliehen konnte.

Malika sagte nichts. Der Mann stand da und starrte sie an. Er atmete schwer, als sei er gelaufen. Schließlich fragte er: «Wie alt bist du?»

Sie blickte ihm fest in die Augen. «Fünfzehn.»

Er roch nach Wein, Tabak und Schweiß.

«Laß mich gehen», sagte sie und versuchte verzweifelt zu entschlüpfen. Als er ihr den Arm verdrehte, weiteten sich ihre Augen vor Schmerz, aber sie schrie nicht. Zwei Männer in Dschellabas näherten sich von der Schlucht her; sie starrte in ihre Richtung. Der Soldat drehte sich um, bemerkte sie und ging hastig zurück zur Hauptstraße.

Als sie nach Hause kam, warf sie den Fetzen Tuch mit dem Geld darin auf den *taifor* und zeigte ihrer Mutter angewidert die Male auf ihrem Arm.

«Was ist das?»

«Ein Soldat hat mich festgehalten.»

Die Mutter versetzte ihr eine schallende Ohrfeige. So aufgebracht hatte Malika sie noch nie gesehen.

«Du Miststück!» schrie sie. «Das ist alles, wozu du gut bist!»

Malika rannte aus dem Haus und hinunter zur Schlucht, wo sie sich auf einen Stein in den Schatten setzte und darüber nachdachte, ob ihre Mutter vielleicht verrückt geworden war. Die Überraschung und Ungerechtigkeit der unerwarteten Ohrfeige hatten jeden Gedanken an den Soldaten verdrängt. Sie spürte, daß sie eine Erklärung für das Verhalten ihrer Mutter finden mußte, sonst würde sie sie hassen.

Doch beim Abendessen war es nicht viel besser; ihre Mutter würdigte sie keines Blickes und wandte sich nur an die andere Tochter. Genauso verliefen auch die folgenden Tage. Es war, als hätte sie entschieden, daß Malika nicht mehr da war.

Gut, dachte Malika. Wenn ich nicht da bin, ist sie auch nicht da. Sie ist nicht meine Mutter, und ich hasse sie.

Der wortlose Krieg zwischen ihnen bedeutete nicht, daß Malika nun davon befreit gewesen wäre, zum Markt zu gehen. Fast jede Woche wurde sie geschickt, um ein Huhn oder einen Korb mit Gemüse und Eiern zu verkaufen. Sie hatte keine Probleme mit den Soldaten mehr, vielleicht weil sie jetzt immer an der Schlucht haltmachte und sich ein wenig Schlamm ins Gesicht schmierte. Bis sie zur Hauptstraße kam, war er getrocknet, und die Männer beachteten sie nicht, obwohl die Frauen sie manchmal erstaunt anstarrten. Auf dem Heimweg ging sie wieder zur Schlucht und wusch sich das Gesicht.

Nun sah ihre Mutter sie jedesmal mißtrauisch an, wenn sie nach Hause zurückkehrte. «Ich schwöre dir», sagte sie, «ich bringe dich mit meinen eigenen Händen um, wenn du mir Ärger machst.» Malika schluchzte und verließ das Zimmer. Sie wußte, was ihre Mutter meinte, aber sie war doch verblüfft zu sehen, wie wenig diese die eigene Tochter kannte.

III

Eines Tages, als Malika in der vordersten Reihe von Frauen und Mädchen auf dem Markt saß, fuhr ein großes gelbes Auto ohne Verdeck fast geräuschlos heran und hielt vor ihnen an. Es saß nur ein Mann darin, ein Ungläubiger. Die Frauen tuschelten und schrien dann auf, denn der Mann hielt eine Kamera in der Hand, die er auf sie richtete. Ein Mädchen, das neben Malika saß, wandte sich zu ihr und sagte: «Du sprichst Spanisch. Sag ihm, er soll gehen.»

Malika lief zum Wagen. Der Mann senkte die Kamera und starrte sie an.

«Sie dürfen hier nicht fotografieren, Señor», sagte sie und sah ihn ernst an. Sie zeigte hinter sich auf die Reihe von aufgebrachten Frauen.

Der Ungläubige war hochgewachsen und hatte hellblondes Haar. Er verstand und lächelte ihr zu. *«Muy bien, muy bien»*, sagte er gutmütig, während er sie noch immer musterte. Plötzlich fiel ihr der Schmutz auf ihrem Gesicht ein. Ohne nachzudenken, rieb sie sich mit der Rückseite der Hand über die Wange. Das Lächeln des Mannes verstärkte sich.

«Darf ich dich fotografieren?»

Malika spürte, wie ihr Herz schmerzhaft zu pochen begann. «Nein! Nein!» rief sie entsetzt. Dann fügte sie wie als Erklärung hinzu: «Ich muß zurück und meine Eier verkaufen.»

Das schien dem Ungläubigen zu gefallen. «Du verkaufst Eier? Bring sie her.»

Malika ging und holte die Eier, die in ein Tuch gebunden waren. Eine Gruppe von Jungen hatte das auffallende gelbe Auto entdeckt; sie umkreisten es, forderten Geld. Der Ungläubige, der versuchte, sie zu vertreiben, öffnete den Schlag für Malika und wies auf den leeren Beifahrersitz. Sie legte ihr Bündel auf das lederne Polster und beugte sich vor, um den Knoten zu lösen, doch die Jungen fuchtelten weiter vor ihr herum und drängten sie weg. Der Mann schrie die Bengel in einer fremden Sprache ärgerlich an, doch hielt er sie damit nur für einen Moment in Schach. Schließlich befahl er Malika wütend: «Steig ein!» Sie gehorchte und setzte sich mit den Eiern auf dem Schoß neben ihn. Der Mann beugte sich vor und zog die Tür zu. Dann kurbelte er die Scheibe hoch. Mittlerweile hatten sich jedoch zwei Bettler unter die Jungen gemischt, die von oben in den Wagen hineinlangen konnten.

Ohne Vorwarnung startete der Ungläubige den Motor

und ließ ihn laut aufheulen. Der Wagen machte einen Satz nach vorn. Malika drehte sich erschrocken um und sah, daß einige der Jungen auf der Straße lagen. Als sie wieder hinsah, hatten sie die Stadt schon fast verlassen. Der Ungläubige schien immer noch böse zu sein. Sie beschloß, ihn nicht zu fragen, wie weit er fahren wollte, bis er anhielte und die Eier kaufte. Ihre Gefühle schwankten zwischen Entzücken, in einem so feinen Wagen zu sitzen, und Angst, zu Fuß in die Stadt zurückgehen zu müssen.

Die Bäume flogen sehr schnell vorbei. Es schien, als hätte sie immer gewußt, daß ihr eines Tages so etwas Merkwürdiges passieren würde. Es war ein tröstlicher Gedanke, der sie davor bewahrte, wirklich Angst zu haben.

IV

Bald bogen sie in einen Feldweg ein, der tief in einen Eukalyptushain führte. Hier, im unbestimmten Schatten der Bäume, stellte der Ungläubige den Motor ab und wandte sich lächelnd Malika zu. Er nahm ihr das Bündel mit den Eiern vom Schoß und legte es auf den Rücksitz. Aus einem Korb hinter ihrem Sitz zog er eine Flasche Mineralwasser und eine Serviette. Er goß etwas Wasser auf die Serviette und machte sich, eine Hand auf ihre Schulter gestützt, daran, ihre Wangen von den Schmutzschlieren zu säubern. Sie ließ ihn gewähren und auch das Handtuch wegnehmen, das sie um den Kopf gewunden hatte, so daß ihr das Haar auf die Schultern fiel. Warum soll er mich nicht sehen? dachte sie. Er ist ein guter Mann. Sie hatte bereits gemerkt, daß er kein bißchen stank, und seine Freundlichkeit tat ihr gut.

«Soll ich dich jetzt fotografieren?»

Sie nickte. Es war niemand da, der die schändliche Tat mit ansehen könnte. Er wies sie an, ein wenig auf dem Sitz herunterzurutschen, und hielt die Kamera über sie. Es klickte so oft, und er wirkte so komisch mit dem großen schwarzen Apparat vor dem Gesicht, daß sie anfing zu lachen. Sie dachte, daß er jetzt aufhören würde, aber es schien ihm noch mehr zu gefallen, und er drückte so lange auf den Auslöser, bis es nicht mehr klickte. Dann breitete er eine Decke auf dem Boden aus und stellte einen Korb mit Essen in die Mitte. Sie saßen mit dem Korb zwischen sich da und aßen Hühnchen, Käse und Oliven. Malika hatte Hunger, und es machte ihr großen Spaß.

Als sie fertig waren, fragte er, ob er sie jetzt wieder zum Marktplatz bringen solle. Es war, als sei eine plötzliche Finsternis über die Welt hereingebrochen. Sie dachte an die Frauen dort und was sie sagen würden, wenn sie zurückkehrte. Sie schüttelte heftig den Kopf. Der gegenwärtige Augenblick war Wirklichkeit; sie würde nicht dazu beitragen, ihn zu beenden. «Nein, noch nicht», sagte sie obenhin.

Er sah auf seine Armbanduhr. «Sollen wir nach Tetuan fahren?»

Ihre Augen hellten sich auf. Es war weniger als eine Stunde Fahrt von ihrem Dorf entfernt, aber sie kannte es nur vom Hörensagen. Wieder flogen die Bäume vorbei. Hier blies ein kühler Wind vom Mittelmeer, und Malika fröstelte. Der Mann nahm ein weiches Cape aus Kamelhaar und legte es um ihre Schultern.

Tetuan mit dem vielen Verkehr war sehr aufregend. Soldaten in Purpur und Weiß hielten Wache vor dem

Khalifa-Palast. Doch sie weigerte sich, auszusteigen und mit ihm durch die Straßen zu gehen. Sie hatten auf dem Feddane geparkt, wo die heiße Nachmittagssonne auf sie herunterbrannte. Schließlich zuckte der Mann die Achseln und sagte: «Nun, wenn ich heute abend noch in Tanger sein will, sollte ich dich jetzt lieber nach Hause bringen.»

Malika stieß einen seltsamen Laut aus. Sie wirkte plötzlich sehr klein in ihrem Cape.

«Was ist denn?»

«Ich kann nicht!»

Der Mann starrte sie an. «Aber du mußt doch nach Hause zurück.»

Da fing Malika an zu weinen. «Nein, nein!» schluchzte sie. Der Mann sah nervös auf die Spaziergänger und versuchte, sie mit Worten zu beschwichtigen. Doch hatte sich ihr gerade eine Möglichkeit eröffnet, und in diesem Augenblick war die Vorstellung so mächtig, daß sie ganz und gar Besitz von ihr ergriff. Als er merkte, daß ihre innere Erregung zu groß war, um auf ihn zu hören, startete er den Wagen und bahnte sich langsam einen Weg durch die Menschenmenge auf die andere Seite der Plaza. Dann fuhr er die Hauptstraße entlang bis zu den Außenbezirken der Stadt, hielt am Straßenrand und zündete sich eine Zigarette an.

Er drehte sich zu ihr. Man hätte meinen können, daß der Sitz neben ihm leer war bis auf das Cape. Er zupfte daran und hörte ein Schluchzen. Vorsichtig fuhr er mit der Hand darunter und streichelte einen Augenblick über ihr Haar. Schließlich richtete sie sich langsam wieder auf, und ihr Kopf kam zum Vorschein.

«Ich nehme dich mit nach Tanger», sagte er. Sie gab weder eine Antwort, noch sah sie ihn an.

Sie rasten nach Westen, die untergehende Sonne vor sich. Malika war klar, daß sie eine unwiderrufliche Entscheidung getroffen hatte. Die Folgen, schon jetzt vom Schicksal vorherbestimmt, würden im Verlauf der Ereignisse nacheinander zutage treten. Nur langsam wurde sie sich der Landschaft bewußt und der warmen Luft, die über sie hinstrich.

Sie gelangten zu einem kleinen Café, das verlassen auf einem Bergrücken lag, und hielten an. «Komm, wir trinken einen Tee», sagte er. Malika schüttelte den Kopf und zog das Cape enger um sich.

Der Mann ging hinein und bestellte zwei Gläser Tee. Eine Viertelstunde später brachte ein Junge sie auf einem Tablett zum Wagen. Der Tee war sehr heiß; es dauerte eine Weile, bis sie ihn trinken konnten. Als der Junge wiedergekommen war und das Tablett geholt hatte, blieben sie noch eine Zeitlang so sitzen. Dann schaltete der Mann die Scheinwerfer ein, und sie glitten den Abhang hinab.

V

Malika hatte Angst vor dem Aufzug, wurde jedoch ruhiger, als der Mann sie in die Wohnung geführt und die Tür hinter ihnen geschlossen hatte. Es gab dicke Teppiche, weiche, von Kissen bedeckte Sofas und Lichter, die man an- und ausknipsen konnte. Das wichtigste aber war, daß der Ungläubige allein hier wohnte.

In dieser Nacht zeigte er ihr ein Zimmer und erklärte, es würde jetzt ihr gehören. Bevor er gute Nacht sagte, umfaßte er mit beiden Händen ihren Kopf und küßte sie auf die Stirn. Als er gegangen war, trat sie ins Badezimmer und vergnügte sich ausgiebig damit, das warme und kalte Wasser auf- und zuzudrehen, um herauszufinden, ob einer der Wasserhähne früher oder später einen Fehler machte. Schließlich zog sie sich aus, streifte die moslemische Gandoura über, die der Mann ihr hingelegt hatte, und ging zu Bett.

Ein Stapel Illustrierte lag auf dem Tisch neben ihr, und sie fing an, sich die Bilder anzusehen. Es gab eine Fotografie, die sofort ihre Aufmerksamkeit erregte und sie nicht wieder losließ. Das Bild zeigte ein luxuriös eingerichtetes Zimmer mit einer schönen Frau, die auf einem Diwan lag. Eine prächtige Halskette aus Diamanten funkelte an ihrem Hals, und in der Hand hielt sie ein Buch. Das Buch war offen, doch sie blickte nicht hinein. Sie hatte den Kopf gehoben, als sei gerade jemand ins Zimmer getreten und habe sie beim Lesen überrascht. Malika betrachtete das Foto lange, warf einen Blick auf die anderen und blätterte wieder zurück. Für sie zeigte es die vollendete Pose für den Empfang von Gästen, und sie beschloß, sie heimlich einzuüben, damit sie sie beherrschte, wenn die Zeit gekommen war. Außerdem wäre es nicht schlecht, lesen zu können, dachte sie. Eines Tages würde sie den Mann bitten, es ihr beizubringen.

Sie frühstückten auf der Terrasse im Licht der Morgensonne. Das Gebäude lag gegenüber einem ausgedehnten moslemischen Friedhof. Dahinter war das Wasser. Malika sagte ihm, es sei nicht gut, so nahe an einem Friedhof zu wohnen. Später schaute sie über die Balustrade, sah die große Kuppel des Mausoleums von Sidi

Bou Araqia und nickte beifällig. Dann, während sie noch Kaffee tranken, beantwortete er weitere Fragen. Er hieß Tim, war achtundzwanzig Jahre alt, hatte aber weder Frau noch Kinder. Er lebte nicht ständig in Tanger. Manchmal war er in Kairo und manchmal in London. In jeder dieser Städte besaß er eine kleine Wohnung, doch seinen Wagen ließ er in Tanger, denn hierher kam er, wenn er nicht arbeitete.

Während sie noch dasaßen, hörte Malika Geräusche in der Wohnung. Kurz darauf kam eine schwarze Frau in einem gelben *zigdoun* auf die Terrasse. *«Bonjour»*, sagte sie und begann das Geschirr abzuräumen. Jedesmal, wenn sie erschien, saß Malika kerzengerade und sah starr über das Wasser auf die Berge in Spanien.

Gleich würde jemand kommen, sagte Tim, eine italienische Frau, die ihre Maße nehmen und ihr ein paar Kleider schneidern sollte.

Malika runzelte die Stirn: «Was für Kleider?»

Als er sagte, das könne sie sich aussuchen, sprang sie auf, lief in ihr Zimmer und kehrte mit einem Exemplar des *New Yorker* zurück. Sie blätterte darin und zeigte ihm ein Mädchen in einem sportlichen Strickkostüm neben einem Set zueinander passender Gepäckstücke. «Solche», sagte sie. Etwa eine Stunde später kam die Italienerin, sehr geschäftsmäßig, kitzelte Malika eine Weile mit ihrem Zentimetermaß und verschwand, den Notizblock in der Hand.

VI

Am späten Nachmittag, nachdem die schwarze Frau gegangen war, führte Tim Malika in ihr Zimmer, zog die Vorhänge zu und gab ihr sanft ihre erste Lektion in Liebe. Malika wollte es eigentlich nicht, doch sie hatte von Anfang an gewußt, daß es früher oder später geschehen würde. Der leichte Schmerz war unbedeutend, aber die Schande, sich vor einem Mann nackt zu zeigen, beinahe unerträglich. Es war ihr nie in den Sinn gekommen, daß man einen Körper schön finden konnte; sie glaubte ihm nicht, als er sagte, sie sei in jeder Hinsicht vollkommen. Sie wußte nur, daß Männer Frauen benutzten, um Kinder zu machen, und das beunruhigte sie, denn sie wünschte sich kein Kind. Der Mann versicherte, daß auch er keine Kinder wolle und sie, wenn sie seinen Anweisungen folgte, auch keine bekommen würde. Sie akzeptierte dies, wie alles, was er sagte. Sie war hier, um zu lernen, und sie wollte soviel lernen wie nur irgend möglich.

Als sie nach einigen Wochen endlich zustimmte, ihn in die Häuser seiner Freunde zu begleiten, ahnte er nicht, daß sie nur deshalb bereit war, sich in der Öffentlichkeit zu zeigen, weil sie sich in den neuen Kleidern betrachtet hatte und der Ansicht war, ausreichend maskiert zu sein. Die europäischen Kleider gestatteten ihr, mit einem Ungläubigen auf die Straße zu gehen, ohne von anderen Marokkanern erkannt zu werden.

Nachdem er mit Malika bei einem Fotografen gewesen war und mehrere längere Besuche bei den Behörden gemacht hatte, kehrte Tim eines Tages triumphierend zurück und winkte mit einem Paß. «Das ist deiner», sagte er, «verlier ihn nicht.»

Fast jeden Tag fanden Parties auf dem Berg oder Picknicks am Strand statt. Malika mochte vor allem die nächtlichen Picknicks mit einem Feuer und dem Rauschen der Brandung. Manchmal waren Musiker dabei, und alle tanzten barfuß. Eines Nachts sprangen acht oder zehn Gäste auf und stürzten sich unter lautem Geschrei nackt in die Wellen. Da der Mond sehr hell schien und Männer und Frauen zusammen badeten, erschauerte Malika und verbarg ihr Gesicht. Tim lachte darüber, sie aber wußte nach diesem Zwischenfall nicht mehr so recht, ob die Leute von Tanger wirklich Vorbild sein konnten für jene Eleganz, die sie anstrebte.

Eines Morgens begrüßte Tim sie mit einem traurigen Gesicht. In ein paar Tagen, sagte er, müsse er nach London. Als er ihr verzweifeltes Gesicht sah, setzte er schnell hinzu, daß er in zwei Wochen zurück sei und daß sie in der Wohnung bleiben solle, als hätte sich nichts geändert.

«Aber wie soll ich das machen?» rief sie. «Du bist nicht da! Ich werde ganz allein sein!»

«Nein, nein. Du wirst Gesellschaft haben. Du wirst sie mögen.»

Am selben Abend lud er zwei junge Männer in die Wohnung ein. Sie sahen blendend aus, waren gut gekleidet und sehr gesprächig. Als Malika hörte, wie Tim einen von ihnen mit Bobby ansprach, brach sie in Gelächter aus.

«Nur Hunde heißen Bobby», erklärte sie. «Es ist kein Name für einen Mann!»

«Sie ist unbezahlbar», sagte Bobby. «Eine junge Nofretete!»

«Einfach himmlisch», pflichtete sein Freund Peter bei.

Nachdem sie gegangen waren, erklärte Tim, daß sie ihr Gesellschaft leisten würden, während er in England war. Sie würden so lange zu ihr ziehen. Als sie das hörte, schwieg sie einen Augenblick.

«Ich will mit dir kommen», sagte sie, als wäre alles andere undenkbar.

Er schüttelte den Kopf. *«Ni hablar.»*

«Aber ich will nicht mit ihnen ins Bett gehen.»

Er küßte sie. «Sie gehen nicht mit Mädchen ins Bett. Deshalb habe ich sie gefragt. Sie werden auf dich aufpassen.»

«Ah«, sagte sie halbwegs besänftigt und dachte zugleich, wie klug Tim war, daß er ohne große Mühe zwei so ansehnliche Eunuchen gefunden hatte.

Wie Tim versprochen hatte, sorgten Bobby und Peter dafür, daß sie sich amüsierte. Statt sie zu Parties auszuführen, luden sie ihre Freunde nach Hause ein, um sie mit ihr bekannt zu machen. Bald kam sie dahinter, daß es weit mehr Eunuchen in Tanger gab, als sie gedacht hatte. Da die Tee- und Cocktailparties ausdrücklich ihr zu Ehren stattfanden, wie Bobby und Peter versicherten, bestand sie darauf, genau zu wissen, wann die Gäste eintreffen sollten, um sie in der richtigen Haltung empfangen zu können: in die Polster des Diwans versunken und mit einem Buch in der Hand. Wenn die Neuankömmlinge hereingeführt wurden, hob sie langsam den Kopf, bis ihr klassisches Profil voll zur Geltung kam, starrte auf einen Punkt, der weit jenseits des Zimmers lag, und ließ sekundenlang den Anflug eines Lächelns über ihre Lippen huschen.

Es war nicht zu übersehen, daß sie beeindruckt waren. Sie sagten, daß sie sie liebten. Sie brachten Spiele mit, tanzten miteinander und mit ihr. Sie kitzelten sie, liebkosten sie, nahmen sie auf den Schoß und spielten mit ihrem Haar. Sie hatte mehr Spaß mit ihnen als mit Tims Freunden, obwohl sie sich darüber klar war, daß die Dinge, die sie sagten, keinerlei Bedeutung hatten. Für sie war alles ein Spiel; es gab nichts, was sie von ihnen hätte lernen können.

VII

Tim war mehr als eine Woche weg, als sie zum ersten Mal Tony mitbrachten. Er war ein großer, lauter Ire, dem die anderen aus der Gruppe einen gewissen Respekt zu zollen schienen. Zuerst dachte Malika, es läge daran, daß er kein Eunuch war wie sie, doch bald entdeckte sie den wahren Grund: er hatte weit mehr Geld als die anderen. Tonys Kleider verströmten einen wunderbaren Duft, und sein Wagen, ein grüner Maserati, zog noch mehr Blicke auf sich als der von Tim. Eines Tages kam er um die Mittagszeit, als Peter und Bobby noch auf dem Markt waren. Die schwarze Frau hatte von Bobby den Befehl erhalten, unter keinen Umständen irgend jemanden hereinzulassen, aber Tony war ein Meister im Umgehen solcher Verbote. Malika hatte eine Platte von Abdelwahab aufgelegt; jetzt drehte sie schnell die Lautstärke herunter und wandte ihre gesamte Aufmerksamkeit Tony zu. Im Verlauf des Gesprächs äußerte er nebenbei, daß ihre Kleider hübsch seien. Malika strich über ihren Rock.

«Aber ich würde dich gern in anderen Kleidern sehen», fuhr er fort.

«Wo sind sie?»

«In Madrid.»

Sie hörten die Tür ins Schloß fallen und wußten, daß Bobby und Peter zurückgekehrt waren. Die beiden hatten sich gestritten und tauschten nur einsilbige Gehässigkeiten aus. Malika begriff, daß die Partie Domino, die sie ihr versprochen hatten, ausfallen würde. Sie saß eine Weile schmollend da und blätterte in einer von Tims Finanzzeitschriften. Eunuchen waren extrem kindisch, fand sie.

Bobby kam ins Zimmer, blieb am anderen Ende stehen und rückte schweigend einige Bücher im Regal zurecht. Kurz darauf erschien die schwarze Frau und berichtete ihm in Französisch, daß Monsieur Tim aus London angerufen habe und daß er nicht vor dem achtzehnten nach Tanger zurückkehren würde.

Als Tony ihr die Nachricht ins Spanische übersetzte, saß Malika nur da und starrte ihn mit einem verzweifelten Gesichtsausdruck an.

Bobby eilte aus dem Zimmer. Zögernd stand Tony auf und folgte ihm. Einen Moment später rief Bobby mit scharfer Stimme: «Nein, sie kann nicht mit dir essen gehen. Sie kann überhaupt nicht ausgehen, nirgendwohin, es sei denn, wir kommen mit. Aber wenn du hier essen willst – bitte.»

Während des Essens fiel kaum ein Wort. Mittendrin warf Peter seine Serviette hin und ging aus dem Zimmer. Anschließend servierte die schwarze Frau auf der Terrasse Kaffee. Bobby und Peter stritten im hinteren Teil der Wohnung weiter, doch ihre schrillen Stimmen waren merkwürdig gut zu verstehen.

Eine Weile schlürfte Malika ihren Kaffee und sagte nichts. Als sie dann sprach, schien es, als wäre ihre Unterhaltung von vorher nie unterbrochen gewesen. «Können wir nach Madrid fahren?» fragte sie.

«Würde dir das gefallen?» Er grinste. «Aber du siehst doch, wie sie sind.» Und er deutete hinter sich.

«*A mí me da igual cómo son.* Ich habe nur versprochen, zwei Wochen bei ihnen zu bleiben.»

Am nächsten Morgen, als Bobby und Peter zum Einkaufen auf dem Markt waren, packten Tony und Malika einige Koffer in den Maserati und fuhren zum Hafen, um die Fähre nach Spanien zu nehmen. Tony hatte Bobby eine kurze Nachricht hinterlassen, in der er ihm mitteilte, daß er Malika für ein paar Tage ausgeliehen habe und dafür sorgen werde, daß sie ihn anrief.

VIII

Am ersten Abend übernachteten sie in Córdoba. Ehe sie am nächsten Morgen nach Madrid aufbrachen, hielt Tony vor der Kathedrale an, um sie ihr zu zeigen. Vor dem Portal zögerte Malika. Sie warf einen Blick in das Innere und erblickte einen endlosen, aus Bögen gebildeten Gang, der sich in der Düsternis verlor.

«Geh hinein», drängte Tony.

Sie schüttelte den Kopf. «Geh du. Ich warte hier.»

Als sie aus der Stadt hinausfuhren, schimpfte er ein wenig mit ihr. «Du solltest dir die Dinge ansehen, wenn du die Gelegenheit hast», sagte er. «Das war eine berühmte Moschee.»

«Ich habe sie gesehen», sagte sie störrisch.

Den ersten Tag in Madrid verbrachten sie von morgens bis abends bei Balenciaga. «Du hattest recht», sagte Malika zu Tony, als sie wieder im Hotel waren, «die Kleider hier sind viel besser.»

Sie mußten mehrere Tage bleiben, bis die ersten Modelle fertig waren. Der Prado lag fast neben dem Hotel, doch Tony versuchte nicht, sie dorthin zu locken. Er schlug einen Stierkampf vor.

«Nur Moslems wissen, wie man Tiere tötet», erklärte sie.

Sie befanden sich schon mehr als eine Woche in Madrid. Eines Tages, als sie unten an der Bar des Ritz saßen, fragte Tony: «Hast du in Tanger angerufen? Nein, hast du nicht. Komm mit.»

Malika wollte nicht an Tanger denken. Seufzend erhob sie sich und ging mit Tony hinauf in sein Zimmer, wo er das Gespräch anmeldete.

Als er schließlich Bobby am anderen Ende der Leitung hatte, winkte er Malika und reichte ihr den Hörer.

Beim Klang ihrer Stimme fing Bobby augenblicklich an, sie mit Vorwürfen zu überschütten. Sie unterbrach ihn, um nach Tim zu fragen.

«Tim kann noch nicht nach Tanger zurückkommen», sagte er, und seine Stimme wurde schrill, als er hinzusetzte: «Aber er will, daß *du* sofort zurückkommst!»

Malika schwieg.

«Hast du verstanden, was ich gesagt habe?» schrie Bobby. *«Oíste?»*

«Ja, ich habe verstanden. Ich melde mich wieder.» Sie hängte schnell ein, um den wütenden Protest am anderen Ende nicht anhören zu müssen.

Sie gingen noch etliche Male zu Balenciaga zur Anprobe. Malika war von Madrid beeindruckt, doch sie vermißte die tröstliche Gegenwart Tims, vor allem bei Nacht, wenn sie allein in ihrem Bett lag. Auch wenn es angenehm war, in Tonys Gesellschaft zu sein, weil er ihr so viel Aufmerksamkeit widmete und ständig Geschenke für sie kaufte, war ihr klar, daß er dies nur tat, weil es ihm Vergnügen bereitete, sie so zu kleiden, wie sie seiner Meinung nach aussehen sollte, wenn sie miteinander ausgingen – und nicht, weil sie ihm etwas bedeutete.

Obwohl die Lieferungen kein Ende nahmen und die Kleider und Ensembles herrlich waren, wurde Malikas Freude von der Entdeckung getrübt, daß die einzigen Orte, an denen die Menschen wirklich darauf achteten, was sie trug, zwei Restaurants und die Bar im Erdgeschoß waren. Als sie dies Tony gegenüber erwähnte, lachte er.

«Ah! Was du willst, ist Paris, das ist klar.»

Malikas Gesicht hellte sich auf. «Können wir dorthin fahren?»

Als alle Kleidungsstücke fertig waren, gingen Malika und Tony ein letztes Mal zum Diner zu Horcher und brachen am nächsten Morgen in aller Frühe nach Paris auf. Die Nacht verbrachten sie in Biarritz, wo die regennassen Straßen wie ausgestorben waren.

IX

Paris war viel zu groß. Sie hatte schon Angst, ehe sie zum Hotel gelangten, und beschloß, Tony keine Sekunde aus den Augen zu lassen, es sei denn, sie war in ihrem sicheren Hotelzimmer. Im Hôtel de la Trémoaille sah sie zu, wie er sich auf sein Bett fallen ließ und ein Telefongespräch nach dem anderen führte; er erzählte Witze, strampelte mit den Beinen und schrie vor Lachen. Als er mit dem Telefonieren fertig war, wandte er sich zu ihr.

«Morgen abend werde ich dich auf eine Party führen», sagte er. «Und ich weiß auch schon, was du tragen wirst: das Austernfarbene aus Satin.»

Malika war von dem prächtigen Haus und den Gästen in Abendgarderobe fasziniert. Hier endlich, davon war sie überzeugt, befand sie sich an einem Ort, wo die Menschen vollendete Eleganz besaßen. Als sie merkte, daß man sie anerkennend musterte, erfüllte sie ein Gefühl des Triumphes.

Tony führte sie zu einem hochgewachsenen, hübschen Mädchen mit blitzenden schwarzen Augen. «Das ist meine Schwester Dinah», erklärte er. «Sie spricht besser Spanisch als ich.»

Dann deutete er auf Malika und setzte hinzu: «Und das ist die neue Antinea.» Damit ließ er die beiden allein und verschwand in einem anderen Zimmer.

Dinahs Verhalten vermittelte ihr das Gefühl, daß sie seit langem Freunde waren. Nachdem sie ein paar Minuten geplaudert hatten, führte Dinah sie zu einer Gruppe von Südamerikanern. Die Frauen waren mit Juwelen geschmückt, und einige trugen Pelze von Tieren um die Schultern. Selbst die Männer hatten große Diamanten an den Fingern. Malika vermutete, daß Tim nicht viel von diesen Leuten halten würde, doch dann fiel ihr ein, daß man sich in einer Stadt wie dieser vielleicht nicht unbedingt auf seinen Geschmack verlassen konnte.

«París es muy grande», sagte sie zu einem Mann, der

sie einladend anlächelte. «Bis gestern kannte ich es nicht. Ich habe Angst, auf die Straße zu gehen. Warum hat man es so groß gebaut?»

Der Mann vertiefte sein Lächeln und sagte, er stehe jederzeit zu ihrer Verfügung. Er wäre entzückt, sie auszuführen, wann und wohin es ihr gefiele.

«Oh», antwortete sie ein wenig nachdenklich. «Das wäre wunderbar.»

«Mañana?»

Irgendwie hatte Dinah das Ende des Dialogs aufgeschnappt. «Morgen nicht, fürchte ich», sagte sie schnell und nahm Malika am Arm. Sie zog sie beiseite und flüsterte wütend: «Seine Frau stand daneben und hat euch beobachtet.»

Malika schaute verstohlen über die Schulter. Der Mann lächelte ihr noch immer nach.

In den nächsten paar Tagen kam Dinah, die in der Nähe, Avenue Montaigne, wohnte, regelmäßig im Hotel vorbei. Sie und Tony führten endlose Diskussionen, während Malika Radio Kairo hörte. Eines Nachmittags, als Tony ausgegangen war und Malika sich langweilte, bat sie Dinah, ein Gespräch nach Tanger anzumelden. Eine halbe Stunde später klingelte das Telefon, und sie hörte Bobbys Stimme.

«*Hola*, Bobby!»

«Malika!» Schon klang seine Stimme schrill. «Das kannst du mir nicht antun! Was machst du in Paris? Du mußt nach Tanger zurückkommen!»

Malika sagte nichts.

«Wir warten auf dich. Was wird Tim sagen, wenn du nicht da bist?»

«Tim», sagte sie verächtlich. «Wo ist Tim?»

«Er kommt nächste Woche zurück. Ich will mit Tony sprechen.»

«Tony ist nicht da.»

«Hör zu!» schrie Bobby. «In welchem Hotel bist du?»

«Ich weiß nicht, wie es heißt», antwortete sie. «Es ist in Paris. Es ist ein schönes Hotel. *Adiós*!»

Eines Morgens, nicht lange danach, verkündete Tony aus heiterem Himmel, daß er in einer Stunde nach London reisen würde. Kurz vor seinem Aufbruch kam Dinah. Anscheinend hatten sie einen heftigen Disput, der erst endete, als er beide zum Abschied küßte. Nachdem er gegangen war, nickte Malika weise mit dem Kopf. London, dachte sie, er kommt nicht wieder.

X

Einen Tag nach Malikas Umzug in Dinahs Wohnung wurde es regnerisch und kalt. Dinah ging häufig aus und ließ sie mit dem Hausmädchen und der Köchin allein. Malika war froh, zu Hause bleiben zu können, wo es warm war. Ihre Garderobe war zwar beeindruckend, bot jedoch keinen Schutz gegen die Kälte. Dinah hatte gesagt, dies sei nur der Anfang der Kälte und nun würde es viele Monate nicht mehr warm. Malika glaubte, irgendwo in Paris müsse es eine *joteya* geben, wo sie zwei oder drei Abendkleider gegen einen Mantel eintauschen könnte, aber als sie Dinah danach fragte, schüttelte diese nur den Kopf.

Die Wohnung war geräumig, und es gab viele Illustrierte. Malika lag die meiste Zeit auf den Diwan gekuschelt und studierte die Details der Modeaufnahmen.

Tony rief aus London an und verschob seine Rückkehr um einige Tage. Als Dinah ihr die Nachricht überbrachte, lächelte Malika und sagte: *«Claro.»*

«Ich werde heute mit einer Freundin zu Mittag essen. Sie hat Unmengen von Kleidern», sagte Dinah. «Ich werde sehen, ob ich einen Mantel für dich bekommen kann.»

Was sie am Nachmittag mitbrachte, war ein Nerzmantel, der dringend einer Ausbesserung bedurfte. Malika betrachtete die Risse mit unverhohlenem Widerwillen.

«Du hast keine Ahnung, wieviel Glück du hast», sagte Dinah. Malika zuckte die Achseln.

Nachdem der Kürschner Maß genommen und die Nähte erneuert hatte, wirkte der Mantel wie neu, als sei er Malika auf den Leib geschneidert. Sie fuhr mit den Fingern über die schimmernde Oberfläche, betrachtete sich im Spiegel und war schnell überzeugt, daß es trotz allem ein sehr feiner Mantel war.

Dinahs Freundin kam zum Lunch. Sie hieß Daphne. Sie war nicht besonders hübsch und versuchte mit Malika Italienisch zu sprechen. Während des Essens lud sie die beiden zu einem Aufenthalt in ihrem Landhaus in Cortina d'Ampezzo ein.

Dinah war begeistert. Als Daphne gegangen war, holte sie ein Fotoalbum und legte es aufgeschlagen auf Malikas Schoß. Malika sah, daß die Erde weiß war und daß die Leute, deren Kleidung alles andere als elegant wirkte, lange Bretter an den Füßen trugen. Sie war skeptisch, doch die seltsame weiße Landschaft und die Gruppen lustiger Menschen erweckten ihre Neugier. Es konnte interessanter sein als Paris, das sich letztendlich als ziemlich fade erwiesen hatte.

Sie gingen in ein Reisebüro, um den Flug zu buchen. «Hast du überhaupt Geld?» fragte Dinah, während sie warteten.

Plötzlich war Malika sehr beschämt. «Tony hat mir nie welches gegeben.»

«Ist schon gut», sagte Dinah.

Bevor sie aufbrachen, gab es noch eine lebhafte Diskussion darüber, ob Malika wirklich alle ihre Koffer auf die Reise nach Mailand mitnehmen sollte.

«Aber du wirst die Kleider dort nicht brauchen«, protestierte Dinah. «Und außerdem ist es ziemlich teuer.»

«Ich muß alles mitnehmen», sagte Malika.

Ihr ganzes Hab und Gut kam mit ihnen ins Flugzeug. Sie hatten schlechtes Wetter auf dem Flug nach Mailand, wo Daphnes Wagen sie erwartete. Daphne selbst war bereits in Cortina.

Malika hatte der Flug nicht gefallen. Sie konnte nicht verstehen, warum Menschen, die einen Wagen besaßen, mit dem Flugzeug reisten. Es gab nichts zu sehen außer Wolken, und das Schaukeln des Flugzeugs bewirkte, daß manchen Passagieren schlecht wurde. Am Ende wirkte jeder nervös und unglücklich. Als sie über die Autostrada brausten, glaubte Malika eine Zeitlang, wieder in Spanien zu sein.

Dem Chauffeur zufolge logierten bereits so viele Freunde in Daphnes Haus, daß es keinen Platz mehr für sie gab. Daphne hatte sie in einem Hotel untergebracht. Dinah nahm die Neuigkeit schweigend auf; wahrscheinlich war sie wütend. Als Malika die Lage begriff, frohlockte sie innerlich. Im Hotel würden viel mehr Menschen sein als im Haus.

XI

Es war kalt in Cortina. Anfangs weigerte sich Malika, das Hotel zu verlassen. «Die Luft ist Gift», jammerte sie. Dann ließ sie es auf einen Versuch ankommen, und schließlich entdeckte sie, daß es eine angenehme Kälte war.

Sie saß, in ihren warmen Mantel gehüllt, in der strahlenden Sonne auf der Hotelterrasse und schlürfte heiße Schokolade, während die anderen Cocktails vor sich stehen hatten. Die rotwangige Fröhlichkeit der Leute um sie herum war eine neue Erfahrung, und der Schnee hörte nicht auf, sie zu faszinieren. Jeden Morgen, wenn Daphne und ihre Gäste kamen, um Dinah abzuholen, sah Malika der lärmenden Gruppe nach, die zu den Skipisten eilte. Dann schlenderte sie durch die Hotelhallen. Die Angestellten waren höflich und lächelten ihr häufig zu. Im Hotel gab es ein Geschäft, das Skier und die dazugehörige Kleidung verkaufte. Die Schaufensterdekoration wurde täglich gewechselt, so daß man Malika immer wieder draußen vor der Tür sehen konnte, wo sie die Ware im Fenster betrachtete.

Zweimal war ein hochgewachsener junger Mann vor den Schaufenstern erschienen und es hatte so ausgesehen, als wollte er sie ansprechen. Beide Male hatte sie sich abgewandt und ihren ziellosen Spaziergang wiederaufgenommen. Tony und Dinah hatten sie wiederholt davor gewarnt, sich auf ein Gespräch mit Fremden einzulassen, und sie hielt es für besser, die Etikette zu wahren, die ihnen so wichtig war. Sie hatte entdeckt, daß Otto, der Barkeeper, Spanisch sprach, und manchmal ging sie morgens, wenn die Bar leer war, hinein und unterhielt sich mit ihm. Eines Tages fragte er, warum sie nicht mit ihren Freunden Ski laufe.

«Ich kann es nicht», sagte sie mit gedämpfter Stimme.

Im selben Augenblick sah sie in einem Spiegel hinter der Bar den hochgewachsenen jungen Mann in den Raum treten und an der Tür stehenbleiben, als lausche er ihrer Konversation. Sie hoffte, Otto würde nicht weitersprechen, doch er tat es.

«Das ist kein Grund», sagte er. «Nehmen Sie Unterricht. Es gibt viele gute Skilehrer in Cortina.»

Malika schüttelte mehrere Male langsam den Kopf.

Der junge Mann trat an die Bar und sagte in Spanisch: «Er hat recht, unser Freund Otto. Dazu ist Cortina da. Hier fährt jeder Ski.»

Jetzt stützte er sich auf die Theke und blickte Malika an. «Ich verbringe selbst eine Menge Zeit südlich der Grenze», sagte er wie im Vertrauen. «Ich habe eine kleine Hacienda unten in Durango.»

Malika starrte ihn an. Er sprach Spanisch, doch sie hatte keine Ahnung, worum es ging. Er mißdeutete ihren Gesichtsausdruck und runzelte die Stirn. «Was ist los? Mögen Sie Durango nicht?»

Sie sah erst Otto an und dann wieder den jungen Mann. Schließlich brach sie in ein Gelächter aus, das angenehm den Raum erfüllte. Das Gesicht des hochgewachsenen jungen Mannes schien dahinzuschmelzen.

Sie glitt vom Barhocker, lächelte ihm zu und sagte:

«Ich verstehe nicht. *Hasta luego*, Otto.» Während der junge Mann noch sichtlich bemüht war, seine Gedanken zu sammeln, drehte sie sich um und verließ die Bar.

Dies war der Beginn einer neuen Freundschaft, die noch am selben Tag beträchtliche Ausmaße annahm. Gegen Abend machten Malika und der junge Mann, der sagte, sein Name sei Tex, einen Spaziergang auf der Straße vor dem Hotel, wo der Schnee beiseite geräumt worden war. Die Gipfel der Berge färbten sich rosa. Sie sog begeistert die Luft ein.

«Es gefällt mir hier», sagte sie, als hätten sie sich darüber unterhalten.

«Es würde Ihnen noch mehr gefallen, wenn Sie skifahren könnten», erwiderte er.

«Nein, nein!»

Sie zögerte und fügte dann schnell hinzu: «Ich kann mir keinen Unterricht leisten. Ich habe kein Geld. Sie geben mir keins.»

«Wer sind sie?»

Sie ging neben ihm weiter, ohne zu antworten, und er nahm ihren Arm. Als sie ins Hotel zurückkamen, hatte sie sich einverstanden erklärt, Tex für den Unterricht, die Skiausrüstung und die Kleidung bezahlen zu lassen, unter der Bedingung, daß sie alles in einem Geschäft in der Stadt, nicht im Hotel kauften.

Sobald sie ausgestattet war, begann der Unterricht; Tex war immer dabei. Dinah hielt überhaupt nichts von dieser Idee. Sie sagte, es sei unerhört, und forderte Malika auf, ihr Tex zu zeigen.

Malika, die nichts dabei gefunden hatte, daß sie jeden Tag sich selbst überlassen worden war, konnte Dinahs

Einwände nicht verstehen. Sie war über ihren neuen Freund entzückt und arrangierte ein Treffen der beiden in der Bar, wo sie eine halbe Stunde neben ihnen saß und zuhörte, wie sie sich auf Englisch unterhielten. Später am Abend sagte Dinah, Tex sei unkultiviert. Malika verstand sie nicht.

«Er ist ein Idiot!» rief Dinah.

Malika lachte, denn sie hielt dies für ein Zeichen dafür, daß Dinah ihn ebenfalls mochte. «Er hat ein gutes Herz», antwortete sie ruhig.

«Ja, ja, dieses gute Herz wirst du schon bald kennenlernen», sagte Dinah mit schiefem Lächeln.

Da ihr nicht entgangen war, daß Tex' Interesse an ihr teilweise mit dem Geheimnis zu tun hatte, das sie zu umgeben schien, gab Malika so wenig wie möglich über ihre Person preis. Er glaubte noch immer, daß sie Mexikanerin sei und zu Dinahs Familie gehöre – daß Dinah aus irgendeinem Grund für sie verantwortlich sei. Sein Irrtum belustigte Malika, daher unternahm sie nichts, um ihn zu korrigieren. Sie wußte, Dinah und Daphne waren überzeugt, daß sie eine Affäre mit ihm hatte, und auch das amüsierte sie, weil es nicht wahr war.

Manchmal trank Tex zuviel Whisky, trotz Malikas Bemühungen, ihn davon abzuhalten. Das passierte normalerweise nach dem Abendessen an der Bar. In solchen Augenblicken erinnerte sein Gesichtsausdruck an einen aufs Trockene gezogenen Fisch. Die Augen waren geschwollen, sein Kinn hing schlaff herunter, er hielt ihre Hand und stöhnte: «O, Liebling!» Für Malika war das alles ein Ausdruck momentaner Verzweiflung. Sie seufzte, schüttelte den Kopf und versuchte ihn zu trösten, indem sie sagte, daß er sich bald besser fühlen würde.

Der Unterricht machte gute Fortschritte; Malika verbrachte den größten Teil des Tages mit Tex auf der Piste. Sie hätte auch an seinem Tisch gegessen, wenn Dinah nicht entrüstet dazwischengefahren wäre.

Eines Tages zündete Dinah nach dem Lunch eine Zigarette an und sagte:« Morgen wirst du das letzte Mal zum Skiunterricht gehen. Am Donnerstag fliegen wir nach Paris zurück.»

Malika merkte, daß Dinah sie aufmerksam beobachtete, um herauszufinden, welche Wirkung ihre Ankündigung hatte. Sie beschloß, sich ein wenig niedergeschlagen zu geben, doch nicht genug, um Dinah Befriedigung zu verschaffen.

«Es waren schöne Ferien», fuhr Dinah fort, «und wir haben alle unseren Spaß gehabt, aber jetzt ist es vorbei.»

«Así es la vida», murmelte Malika mit gesenktem Kopf.

XII

Am Nachmittag, als der Unterricht beendet war, setzten sich Malika und Tex nebeneinander in den Schnee und sahen über das Tal im verblassenden Licht hinweg. Plötzlich merkte sie, daß sie schluchzte. Tex starrte sie verwirrt an, zog sie an sich und versuchte sie zu trösten. Unter Tränen wiederholte sie, was Dinah gesagt hatte.

Als sie in seinen Armen lag, merkte sie, daß der einzige Grund für ihre Traurigkeit darin bestand, daß sie ihn nicht verlassen wollte. Sie legte den Kopf an seine Brust und schluchzte: *«Me quiero quedar contigo, Tex, contigo.»*

Bei diesen Worten verwandelte er sich. Er begann zu strahlen. Er streichelte sie beruhigend und sagte, er würde alles für sie tun. Wenn sie wollte, brächte er sie noch in dieser Nacht von hier weg. Sie weinte nicht mehr und hörte zu.

Bevor sie aufstanden, kamen sie überein, am kommenden Morgen, wenn Dinah auf der Skipiste war, abzureisen. Tex war entschlossen, sich nicht noch einmal mit Dinah zu treffen, doch Malika bestand darauf, ihr eine Nachricht zu hinterlassen, die sie ihm diktierte.

> *Dinah, ich möchte im Augenblick nicht nach Paris zurück. Ich danke Dir und danke auch Daphne. Cortina hat mir großen Spaß gemacht. Nun lerne ich skifahren. Ich werde eine Weile in der Schweiz leben. Viel Glück, Malika.*

Tex hatte dafür gesorgt, daß ein Wagen, der groß genug war, um Malikas unzählige Koffer unterzubringen, sie um halb zehn Uhr morgens im Hotel abholte. Alles paßte bequem hinein. Malika übergab dem Mann an der Rezeption die Nachricht für Dinah. Er erwähnte nicht, wie sie insgeheim befürchtet hatte, ihre Rechnung, sondern nickte nur feierlich mit dem Kopf.

Als sie Cortina hinter sich ließen, sagte Malika: «Dinah wird sehr böse sein.»

«Daran dachte ich auch gerade», sagte Tex. «Wird sie Schwierigkeiten machen?»

«Sie kann nichts tun. Sie hat meinen Paß nie gesehen. Sie weiß nicht einmal, wie ich heiße.»

Tex schien von dieser Information überrascht und

stellte ihr eine ganze Reihe Fragen, sie aber, begeistert von der weißen Pracht draußen, antwortete ausweichend, nahm ab und zu seine Hand, um ihn auf ein Detail in der Landschaft aufmerksam zu machen, und es gelang ihr, indem sie sacht das Kommando übernahm, ihn abzulenken, ohne daß er es merkte.

In einem kleinen Restaurant bei Mezzolombardo aßen sie zu Mittag. Der Kellner brachte eine Flasche Wein und schenkte zwei Gläser ein. «Nein», sagte Malika und schob ihres zur Seite.

«Deine Freundin Dinah ist nicht da», erinnerte sie Tex. «Du kannst tun, was du willst.»

«Dinah!» höhnte sie. «Wer ist schon Dinah im Vergleich zu Gottes Wort?»

Er starrte sie verdutzt an, ohne der Sache auf den Grund zu gehen, und trank die Flasche allein aus. Als sie zum Wagen zurückkehrten, war er in heiterer und entspannter Stimmung. Während sie auf der Autostrada nach Süden fuhren, drückte er ihre Hand, liebkoste ihren Nacken mit den Lippen und küßte sie schließlich leidenschaftlich auf den Mund. Mehr hätte sich Malika nicht wünschen können.

XIII

In Mailand sah sie zu, wie er zum Abendessen zwei Flaschen Wein trank. Anschließend genehmigte er sich in der Bar noch mehrere Whiskys. In Cortina hätte sie ihn gebeten aufzuhören; in dieser Nacht aber tat sie, als merke sie nicht, daß er sich langsam, aber sicher betrank. Statt dessen fing sie an, ihm eine komplizierte Geschichte zu erzählen, die sie seit ihrer Kindheit kannte. Sie handelte von einem weiblichen Dämon, der in einer Höhle hauste und frische Leichen ausgrub, um ihnen die Leber herauszureißen. Als sie sein entsetztes Gesicht sah, hielt sie mittendrin inne.

Er schüttelte den Kopf. «Was für eine Phantasie!» sagte er.

«Ich will Englisch lernen», fuhr Malika fort und ließ den Dämon auf sich beruhen. «Das werde ich in der Schweiz tun.»

Als sie hinaufgingen, war Tex betrunken. Sie bedauerte das, denn sie fand ihn viel netter, wenn er nüchtern war. Aber sie ahnte, daß er mit ihr schlafen wollte, und hielt es beim ersten Mal für klüger, wenn er einen Rausch hatte. Es war wichtig, daß er glaubte, er wäre der erste, der sie besessen hatte.

Am Morgen, als er aufwachte, sich umsah und versuchte, sich zu erinnern, gestand sie ihm, daß es nicht so schmerzhaft gewesen sei, wie sie es sich vorgestellt hatte. Tex war zerknirscht; mit Tränen in den Augen bat er sie um Vergebung. Sie lächelte und überhäufte ihn mit Küssen.

Nachdem sie diesen Punkt gewonnen hatte, wollte sie noch mehr erreichen, nicht mit einem bestimmten Ziel vor Augen, sondern nur, um ihre Position zu verbessern: Während er noch im Sumpf morgendlicher Gewissensbisse versank, zwang sie ihm das Versprechen ab, den Whisky aufzugeben.

Als die Polizei ihnen am Großen Sankt Bernhard die Pässe zurückgab, sah Malika, wie Tex einen überraschten Blick darauf warf. Kaum saßen sie wieder im Wagen, verlangte er den Paß noch einmal zu sehen. Die arabischen Buchstaben schienen ihn in große Aufregung zu versetzen. Er fing an, ihr Fragen über Marokko zu stellen, die sie nicht hätte beantworten können, selbst wenn sie in der Stimmung für eine derartige Konversation gewesen wäre. Sie versicherte ihm, es sei ein Land wie jedes andere. «Jetzt sehe ich die Schweiz vor mir», sagte sie.

Bei Sonnenuntergang erreichten sie Lausanne und quartierten sich in Ouchy in einem großen Hotel am See ein. Es war bedeutend größer als das in Cortina, und die Leute, die hier wohnten, erschienen Malika, da sie keine Skikleidung trugen, viel eleganter.

«Mir gefällt es hier», sagte sie Tex beim Abendessen. «Wie lange können wir bleiben?»

Am nächsten Morgen bestand Malika darauf, daß sie zusammen zur Berlitz-Schule gingen, um sich jeder für einen Intensivkurs einzuschreiben: sie in Englisch, er in Französisch. Ihr war klar, daß Tex glaubte, sie würde den strengen Stundenplan bald satt haben, doch sie war entschlossen, Lausanne erst dann zu verlassen, wenn sie sich auf Englisch unterhalten konnte. Die Vormittage verbrachten sie in ihrer jeweiligen Klasse, dann aßen sie zusammen zu Mittag und kehrten um drei Uhr in die Schule zurück, um den Unterricht fortzusetzen.

Jeden Freitag mietete Tex einen Wagen, und sie fuhren am Nachmittag nach Gstaad; unterwegs hielten sie irgendwo an, um zu Abend zu essen. Wenn es nicht schneite, verbrachten sie die Samstage und Sonntage mit Skilaufen am Wasserngrat oder Eggli. Manchmal bestand er darauf, bis Montag zu bleiben, obwohl das bedeutete, daß sie den Vormittagsunterricht verpaßten. Malika wußte, daß, wenn sie ihn gelassen hätte, er dies zur Regel gemacht und die Wochenenden wahrscheinlich immer mehr ausgedehnt hätte. Er fand es gut, daß Malika Englisch lernen wollte, hielt jedoch nichts von ihrer Besessenheit dabei – und Malika hätte sie ihm nicht begreiflich machen können, wenn er sie gefragt hätte. Sie wußte nur, daß sie verloren war, wenn sie nicht unablässig lernte.

XIV

Während des ganzen Winters dort in Lausanne machten sie keine Bekanntschaften, da jedem die Gesellschaft des anderen völlig genügte. Eines Tages, als sie aus der Schweizerischen Kreditanstalt kamen, wo Tex ein Konto für Malika eingerichtet hatte, fragte er sie plötzlich, ob sie je daran gedacht hätte zu heiraten.

Sie sah ihn verwundert an. «Ich denke die ganze Zeit daran», sagte sie. «Du weißt doch, wie glücklich es mich macht, mit dir verheiratet zu sein.»

Er starrte sie an, als hätte er kein Wort von dem verstanden, was sie gerade gesagt hatte. Im nächsten Moment nahm er ihren Arm und zog sie an sich. «Auch ich bin glücklich», sagte er. Doch sie merkte, daß ihn etwas beschäftigte. Später, als sie allein waren, sagte er, natürlich seien sie verheiratet, was er jedoch gemeint habe, als er davon sprach, sei eine Heirat mit Papieren gewesen.

«Mit Papieren oder ohne Papiere, das ist doch dasselbe, oder? Wenn sich zwei Menschen lieben, was haben Papiere damit zu tun?»

«Es liegt an den Regierungen», erklärte er. «Sie wollen, daß verheiratete Leute Papiere haben.»

«Natürlich», sagte sie zustimmend. «In Marokko auch. Viele Menschen besorgen sich Papiere, wenn sie heiraten.»

Sie wollte noch hinzufügen, daß Papiere wichtig seien, wenn man Kinder haben wollte, aber sie hielt sich zurück, weil sie spürte, daß sie mit dieser Bemerkung gefährliches Terrain beträte. Aufgrund bestimmter Fragen, die er ihr gestellt hatte, vermutete sie, daß er darüber nachgrübelte, ob sie vielleicht schwanger war. Die Fragen belustigten sie, denn sie basierten auf der Annahme, daß es keinen Tim vor Tex gegeben hatte, der ihr zeigte, wie man immer sicher sein konnte.

Eines Morgens zu Beginn des Frühlings, als sie über Müdigkeit klagte, fragte er sie geradeheraus.

«Glaubst du, marokkanische Frauen wüßten nichts?» rief sie. «Wenn sie Kinder haben wollen, machen sie welche. Wenn sie keine wollen, machen sie auch keine.»

Er nickte zweifelnd. «Diese Hausrezepte funktionieren nicht immer.»

Sie merkte, daß sie auf sicherem Boden war. Er wußte nichts über Marokko. «Meine schon», antwortete sie.

Wenn sie in seiner Gegenwart niemals Amerika erwähnte oder nach seiner Familie fragte, so deshalb, weil sie sich sein Leben dort nicht deutlich genug vorstellen konnte, um neugierig zu sein. Er dagegen sprach immer häufiger von Amerika. Nie zuvor sei er so lange fortgeblieben, sagte er. Malika interpretierte diese Äußerungen als Warnungen, daß er genug von seinem gegenwärtigen Leben hatte und an eine Veränderung dachte.

Dieser Gedanke erfüllte sie mit Schrecken, doch sie ließ sich nichts anmerken.

Zuweilen ertappte sie ihn, wie er sie mit einem Ausdruck völliger Verständnislosigkeit anstarrte. Mittlerweile, weil Malika darauf beharrte, sprachen sie miteinander oft Englisch. Sie fand, daß es viel besser als Spanisch zu ihm paßte; er schien dann eine völlig andere Stimme zu haben.

«Würdest du gern heiraten? Mit Papieren, meine ich.»

«Ja, wenn du es willst.»

«Und du?» bohrte er.

«Natürlich will ich, wenn du es willst.»

Sie wurden im Amtszimmer eines protestantischen Pfarrers getraut, der Tex beiseite nahm und ihm eröffnete, er persönlich halte nichts von Ehen, bei denen die Braut so jung sei wie Malika. «Nach meiner Erfahrung», schloß er, «sind solche Verbindungen nur selten von Dauer.»

Für Malika war die ganze Episode nur ein weiteres Beispiel für die Art von Unsinn, an der die Ungläubigen offenbar Gefallen fanden. Trotzdem war es nicht zu übersehen, daß die Sache von größter Bedeutung für Tex war. Tatsächlich schien sein Charakter nach der Zeremonie eine gewisse Veränderung erfahren zu haben; er wirkte selbstsicherer. Er gefiel ihr so viel besser, und sie kam zu dem Schluß, daß er im Grunde seines Herzens ein sehr gottesfürchtiger Mann war. Offensichtlich waren die Papiere ein Erfordernis der christlichen Religion; nun, da er sie hatte, fühlte er sich wohler.

Kaum zwei Wochen später verkündete Tex, nachdem er etwas mehr getrunken hatte als sonst, daß sie nach

Hause zurückkehren würden. Malika nahm die Nachricht mit Beklommenheit auf. Sie sah, daß er glücklich war, die Welt der Hotels und Restaurants zu verlassen, und sie hatte den Verdacht, daß das Leben in einem Haus ganz anders verlaufen und nicht halb soviel Spaß machen würde.

Wieder konnte sie vom Flugzeug aus nichts erkennen, doch dieses Mal dauerte die Reise so lange, daß sie anfing, sich Sorgen zu machen. Tex war müde, trotzdem weckte sie ihn mehrmals auf, um ihn zu fragen: «Wo sind wir?»

Zweimal antwortete er vergnügt: «In der Luft!» Beim nächsten Mal sagte er: «Irgendwo über dem Ozean, nehme ich an.» Und er warf ihr einen verstohlenen Blick zu.

«Wir bewegen uns nicht», sagte sie. «Wir stehen still. Das Flugzeug hängt fest.»

Er lachte nur, aber so, daß sie merkte, einen Fehler gemacht zu haben. «Ich mag dieses Flugzeug nicht», sagte sie.

«Schlaf ein wenig», riet ihr Tex.

Sie schloß die Augen und saß still da. Sie spürte, daß sie zu weit gegangen war – so weit, daß sie jetzt nirgendwo war. «Jenseits der Welt», flüsterte sie auf Arabisch, und sie zitterte.

XV

In Los Angeles zu sein überzeugte Malika, daß sie recht hatte. Alles, was verständlich war, hatte sie hinter sich gelassen, und sie befand sich nun an einem vollkommen fremden Ort, dessen Regeln sie nicht kannte. Vom Flughafen aus fuhren sie auf den Gipfel des Berges, wo im

Wald versteckt ein Haus lag. Tex hatte ihr davon erzählt, doch sie hatte sich etwas ganz anderes vorgestellt, etwas wie den Berg in Tanger, wo die Villen von großen Gärten umgeben waren. Dieses Haus war unter Bäumen begraben; sogar als sie an der Haustür standen, konnte sie den Rest des Gebäudes nicht sehen.

«Mitten im Wald», murmelte sie verwundert.

Ein häßlicher kleiner Filipino mit weißem Jackett öffnete ihnen die Tür. Er verbeugte sich leicht und hielt eine kurze, formelle Willkommensansprache für Malika. Sie wußte, daß er Englisch sprach, aber es war nicht das Englisch, das man ihr in Lausanne beigebracht hatte. Am Ende dankte sie ihm würdevoll.

Später fragte sie Tex, was der kleine Mann gesagt habe.

«Er hofft, daß du in deinem neuen Haus glücklich wirst, das war alles.»

«Mein Haus? Aber es ist dein Haus, nicht meins!»

«Natürlich ist es dein Haus! Du bist meine Frau, oder nicht?»

Malika nickte. Sie wußte, daß Männer, ungeachtet dessen, was sie behaupteten, ihre Frauen davonjagten, wenn sie ihrer überdrüssig waren, und sich neue nahmen. Sie liebte Tex und vertraute ihm, doch sie erwartete nicht, daß er anders war als andere Männer. Sie wußte, wenn die Zeit gekommen war, würde er einen Vorwand finden, um sie loszuwerden. Es kam darauf an, zu wissen, wie man diesen schrecklichen Augenblick abwenden, ihn so weit wie möglich hinauszögern konnte. Sie nickte wieder und sagte lächelnd: «Ich mag dieses Haus, Tex.»

Die Zimmer waren sehr ungewöhnlich geschnitten;

überall taten sich unerwartete Alkoven und Nischen mit weichen Sofas und Unmengen von Kissen auf. Als sie das Haus inspizierte, stellte sie mit Befriedigung fest, daß die Fenster von eisernen Gittern geschützt waren. Das massive Eingangstor mit seinen schweren Schlössern hatte sie bereits gesehen.

Als sie an diesem Abend vor dem Kamin saßen, hörten sie draußen Kojoten heulen.

«Schakale», murmelte Malika und wandte den Kopf, um zu lauschen. «Sehr schlecht.»

Sie konnte nicht verstehen, daß jemand sein Geld zum Fenster hinauswarf, um ein so schönes Haus so weit entfernt von allen anderen zu bauen. Vor allem fand sie es unbegreiflich, daß man die Bäume so nah am Haus hatte wachsen lassen. Schweigend beschloß sie, keinen Fuß nach draußen zu setzen, solange Tex nicht bei ihr war, und unter keinen Umständen ohne ihn im Haus zu bleiben.

Am nächsten Morgen, als Tex in die Stadt hinunterfahren wollte, lief Malika von Zimmer zu Zimmer und rief: «Warte! Ich komme mit!»

«Du würdest dich langweilen», sagte er. «Ich muß zu einem Anwalt. Bleib du hier bei Salvador.»

Sie konnte Tex nicht zeigen, daß sie Angst hatte, im Haus zu bleiben, das wäre ein unverzeihlicher Affront gewesen. «Nein, nein, nein. Ich will die Stadt sehen», sagte sie.

Er küßte sie, und sie fuhren in die Stadt. Es war ein größeres Auto als das, was er tags zuvor am Flughafen gemietet hatte.

«Ich will immer bei dir sein, egal, wohin du gehst»,

eröffnete sie ihm in der Hoffnung, daß diese Erklärung dazu beitragen würde, die Sache ein für allemal zu regeln.

Wenn sie in diesen ersten Wochen das Leben in den Straßen beobachtete, konnte sie keinerlei Sinn darin entdecken. Die Menschen waren immer auf dem Weg irgendwohin, und sie hatten es stets eilig. Sie wußte sehr wohl, daß sie nicht alle gleich waren, trotzdem hatte sie keine Ahnung, wie sie sie auseinanderhalten sollte. In Marokko, in Europa hatte es Menschen gegeben, die bestimmte Dinge taten, und andere, die ihnen dabei zuschauten. Egal, wo man war oder was man tat, es gab immer Zuschauer. Sie hatte den Eindruck, daß in Amerika jeder unterwegs war und niemand einfach dasaß und zuschaute. Das verstörte sie. Sie fühlte sich weit, weit entfernt von allem, was sie je gekannt hatte. Die Highways flößten ihr Angst ein, denn sie war besessen von der Vorstellung, daß sich eine unaussprechliche Katastrophe ereignet habe und alle Autos voller Flüchtlinge seien, die dem Unglücksort zu entkommen suchten. Sie hatte ausgiebig Gelegenheit, die kleinen Häuser zu betrachten, die sich über Meilen hinweg in einer Reihe die Straßen entlangzogen, und diese einfachen Behausungen mit dem Haus auf dem Berg zu vergleichen. Als Ergebnis kam sie zu dem Schluß, daß es wahrscheinlich ein Glück war, da zu leben, wo sie jetzt lebte. Eines Tages, als sie in die Stadt fuhren, fragte sie Tex: «Hast du mehr Geld als diese Leute?»

«Welche Leute?»

Sie machte eine Handbewegung. «Diejenigen, die in diesen Häusern leben.»

«Ich weiß nichts vom Geld anderer Leute», sagte er. «Ich weiß nur, daß ich selber nie genug habe.»

Sie sah hinaus auf die Reihen windschiefer Holzhäuser und das staubige Gestrüpp und konnte ihm nicht glauben. «Natürlich hast du mehr Geld», sagte sie. «Warum willst du es nicht zugeben?»

Da mußte er lachen. «Was immer ich besitze, ich habe es mir selbst erarbeitet. An dem Tag, an dem ich einundzwanzig wurde, überreichte mein Vater mir einen Scheck und sagte: ‹Hier. Wollen mal sehen, was du daraus machst.› In drei Jahren hatte ich viereinhalbmal soviel. ‹Hast du das gemeint, Dad?› fragte ich ihn. ‹Genau das, mein Junge›, sagte er.»

Malika dachte einen Augenblick nach und sagte schließlich: «Und wenn er jetzt Geld braucht, gibst du es ihm.»

Tex warf ihr von der Seite einen Blick zu und sagte: «Natürlich.»

Sie wollte ihn fragen, ob er keine Freunde in Los Angeles hätte. Seit ihrer Ankunft hatten sie niemanden getroffen, und das kam ihr merkwürdig vor. Vielleicht war es hier Brauch, daß jungverheiratete Paare für eine gewisse Zeit allein waren. Oder vielleicht waren Tex' Freunde allesamt Mädchen, was automatisch verhindern würde, daß sie sie kennenlernte. Als sie ihn dann fragte, sagte er, er komme nur selten nach Los Angeles. «Ich bin die meiste Zeit bei meiner Familie in Texas», sagte er, «oder unten auf der Hacienda.»

Im oberen Stockwerk gab es einen hellen Raum mit einer großen Sonnenterrasse, die tagsüber nicht im Schatten der Bäume lag. Malika fühlte sich nie ganz wohl, wenn sie hier oben saß, wo nichts zwischen ihr und dem dunklen Wald war. Sie fürchtete, daß die Bäume gefährliche Vögel beherbergten. Manchmal zogen sie und Tex sich zwischen kurzen Bädern im Pool, der innerhalb des geschlossenen Patios lag und ihr daher sicherer erschien, dorthin zurück. Tex beobachtete sie, wenn sie sich auf einer Matratze ausstreckte, und versicherte ihr, sie sei schöner als je zuvor. Auch sie hatte dies bemerkt, doch gefiel ihr, daß es ihm nicht entgangen war.

XVI

Eines Tages sagte Tex, daß er einen Mann namens F. T. zum Dinner erwarte. F. T. war ein alter Freund seines Vaters, der sich um seine finanziellen Angelegenheiten kümmerte. Malika war neugierig zu hören, worum es bei solch einer Arbeit ging, daher versuchte Tex ihr zu erklären, was Kapitalanlagen waren. Sie schwieg eine Zeitlang. «Dann kommt man also nicht zu Geld, wenn man nicht vorher welches hatte», sagte sie.

«So ungefähr», stimmte Tex zu.

F. T. war mittleren Alters, gut gekleidet und trug einen kleinen grauen Schnurrbart. Er war von Malika entzückt und nannte sie Little Lady. Sie hatte das unbestimmte Gefühl, beleidigt sein zu müssen, da sie jedoch sah, daß er ansonsten ein angenehmer und höflicher Mann war, protestierte sie nicht. Außerdem hatte Tex gesagt: «Eins darfst du nicht vergessen: Wenn du je etwas brauchst, irgend etwas, dann wende dich einfach an F. T. Er ist wie ein Vater für mich.»

Während des Dinners entschied sie sich, daß sie F. T. wirklich mochte, auch wenn er sie nicht sehr ernst zu nehmen schien. Ansonsten unterhielten er und Tex sich eine lange Zeit. Das Gespräch nahm kein Ende, so daß Malika schließlich auf einem Diwan einschlief und erst wieder aufwachte, als F. T. gegangen war. Sie entschuldigte sich für ihre Unhöflichkeit, aber sie machte Tex dafür verantwortlich, daß es so weit hatte kommen können.

Er ließ sich neben sie fallen. «F. T. fand dich großartig. Er sagt, du bist zweifellos das schönste Mädchen, das er je gesehen hat.»

«Er ist ein netter Mann», murmelte sie.

Seit ihrer Ankunft in Kalifornien schien ihr Leben zu stagnieren. Als sie darüber nachdachte, kam sie zu dem Schluß, daß es mit dem Verlassen der Berlitz-Schule aufgehört hatte, sich zu verändern. Unschuldig fragte sie Tex, ob sie den Unterricht hier fortsetzen könne. Zu ihrem Erstaunen lachte er über diesen Vorschlag und behauptete, alles, was sie brauche, sei mehr Übung in Konversation. Da es nicht seine Gewohnheit war, ihr irgend etwas abzuschlagen, nahm sie ihn nicht ernst und beharrte auf ihrem Wunsch nach Unterricht. Dann merkte sie, daß er nicht nachgeben würde; er schien ihre Unzufriedenheit als Kritik an seiner Person aufzufassen. Schließlich begriff sie, daß er verärgert war.

«Du verstehst nicht», rief sie. «Ich muß besser Englisch lernen, ehe ich überhaupt etwas studieren kann.»

«Studieren?»

«Natürlich», sagte sie ruhig. «Ich werde immer weiterlernen. Meinst du, ich will so bleiben, wie ich bin?»

«Das hoffe ich, Liebling, um meinetwillen. Du bist vollkommen.»

Er nahm sie in die Arme, aber sie wand sich heraus.

Am selben Abend sagte Tex: «Ich glaube, ich werde eine Frau für die Küche einstellen und Salvador beauftragen, dir beizubringen, wie man kocht. Das wäre doch etwas, das du lernen könntest, meinst du nicht?»

Malika schwieg. «Willst du, daß ich es lerne? Du weißt, daß ich dich glücklich machen will.»

So fing sie an, jeden Tag mehrere Stunden mit Salvador und Concha, einem mexikanischen Mädchen, deren Arbeit der kleine Filipino geringschätzte, in der Küche zu verbringen. Es war ein recht angenehmer Raum, doch die enorme Anzahl der seltsamen Maschinen und kleinen Glocken, die unablässig läuteten, während Salvador kreuz und quer durch den Raum hastete, verschüchterte und irritierte sie. Sie hatte sogar ein wenig Angst vor Salvador, weil sich sein starrer Gesichtsausdruck, ein nichtssagendes Grinsen, niemals veränderte. Sie hatte den Eindruck, daß das Grinsen noch breiter wurde, wenn er sich ärgerte. Sie gab sich Mühe, auf alles zu achten, was er sagte. Bald bereitete sie nach seinen Anweisungen einfache Gerichte, die sie zum Lunch aßen. Wenn das Gericht eine Sauce Béchamel oder Béarnaise erforderte, machte er sie selbst, da Malika von der dabei notwendigen präzisen Zeiteinteilung überfordert war. Es freute sie, daß Tex ihr Essen für gut genug befand, um bei Tisch serviert zu werden. Sie verbrachte weiterhin morgens zwei Stunden und abends vor dem Dinner noch etwa eine Stunde in der Küche. Manchmal half sie Salvador und Concha einen Picknickkorb zusammenzustellen, und sie fuhren zum Strand. Sie hätte Tex gern von den Picknicks am Strand von Tanger erzählt, aber das ging nicht.

XVII

Gelegentlich und trotz Malikas inständiger Bitten nutzte Tex ihre morgendliche Beschäftigung in der Küche, um mit dem kleinen Auto Besorgungen in der Stadt zu erledigen. Sie war unruhig, bis er zurückkehrte, aber er war stets rechtzeitig zum Lunch wieder da. Eines Morgens erschien er nicht zur gewohnten Zeit. Das Telefon klingelte. Salvador wischte sich die Hände ab und ging in den Nebenraum, um das Gespräch anzunehmen, während Malika und Concha sich weiter auf Spanisch unterhielten. Kurz darauf stand Salvador in der Tür und erzählte Malika mit strahlendem Lächeln, die Polizei habe angerufen, um ihr mitzuteilen, daß Mr. Tex einen Unfall gehabt habe und in Westwood in einem Krankenhaus liege.

Malika rannte auf den kleinen Mann zu und packte ihn bei den Schultern. «Ruf Mr. F. T. an!»

Sie trat von einem Bein aufs andere, während er die Nummer suchte und wählte. Sobald sie sah, daß er mit F. T. sprach, riß sie ihm den Hörer aus der Hand.

«F. T.! Holen Sie mich sofort ab! Ich muß zu Tex.»

Sie hörte F. T.s Stimme, sie war sanft und beruhigend. «Ja. Bleiben Sie ganz ruhig und warten Sie auf mich. Ich komme, sobald ich kann. Machen Sie sich keine Sorgen. Geben Sie mir noch einmal Salvador.»

Sie ließ Salvador am Telefon zurück und eilte die Treppe nach oben in das große Zimmer, wo sie unruhig auf und ab ging. Wenn Tex im Krankenhaus war, würde er wahrscheinlich nicht zu Hause schlafen, und sie würde ohne ihn nicht im Haus bleiben. Sie trat auf die Terrasse und starrte auf die Bäume. Tex ist tot, dachte sie.

Erst am späten Nachmittag fuhr F. T.s Wagen vor. Er

fand sie in dem hellen Raum mit dem Gesicht in den Kissen auf einem Sofa liegend. Als sie seine Stimme erkannte, fuhr sie mit weit aufgerissenen Augen hoch und lief auf ihn zu.

In dieser Nacht schlief Malika bei F. T. Er hatte darauf bestanden, sie mit sich nach Hause zu nehmen und sie der Obhut seiner Frau anzuvertrauen. Denn es stimmte, daß Tex tot war; er war kurz nach seiner Einlieferung ins Krankenhaus gestorben.

F. T. und seine Frau zeigten Malika ihr Mitgefühl nicht. Mrs. F. T. sagte, Mitleid könne einen hysterischen Anfall provozieren. Malika redete und redete, zwischendurch weinte sie. Manchmal vergaß sie, daß ihre Zuhörer weder Arabisch noch Spanisch verstanden, bis diese sie drängten, ins Englische zurückzuwechseln. Sie hatte geschworen, Tex zu begleiten, wann immer er ausging, aber sie hatte es nicht getan, und deshalb war er jetzt tot. Er war das einzige Wesen auf der ganzen Welt, das sie liebte, und sie war weit weg von zu Hause, was sollte jetzt aus ihr werden?

Als sie in dieser Nacht im Dunkeln lag und dem gelegentlich vorbeischwirrenden Heulen einer Polizeisirene lauschte, packte sie von neuem jenes Gefühl, das sie im Flugzeug gehabt hatte: das Gefühl, zu weit gegangen zu sein, um zurückzukehren. Solange sie mit Tex zusammengewesen war, hatte sie die Fremdartigkeit dieses Ortes akzeptieren können; nun sah sie sich als Schiffbrüchige an einer unbekannten Küste, bewohnt von Wesen, deren Absichten unergründlich waren. Und niemand konnte ihr zu Hilfe kommen, denn niemand wußte, daß sie hier war.

Sie schlief mehrere Nächte in F. T.s Haus. Tagsüber

besuchte sie mit Mrs. F. T. Supermärkte und andere Sehenswürdigkeiten. «Sie müssen sich ablenken», sagte ihre Gastgeberin. «Wir wollen nicht, daß Sie so viel grübeln.»

Doch es gab keine Möglichkeit, Malika davon abzuhalten, sich um ihre Zukunft zu sorgen: gestrandet in diesem unglaublichen Land, ohne eine Pesete, um sich Brot zu kaufen, mit nichts als der Laune von F. T. und seiner Frau zwischen sich und dem Verhungern.

XVIII

Eines Tages fuhr F. T. Malika persönlich zu seinem Büro. Aus Respekt vor ihm hatte sie sich große Mühe bei der Wahl ihrer Garderobe gegeben und trug ein graues Seidenkostüm von Balenciaga. Ihre Ankunft mit F. T. im Büro sorgte für leichte Aufregung. Als sie ihm gegenüber am Schreibtisch eines kleinen, ruhigen Büros Platz genommen hatte, zog er einen Stapel Papiere aus einer Schublade. Er blätterte darin und begann zu sprechen.

«Betty sagt, Sie machten sich Sorgen wegen des Geldes?»

Als er Malika nicken sah, fuhr er fort: «Ich gehe davon aus, daß Sie überhaupt keines haben. Ist das richtig?»

Sie griff in ihre Handtasche und zog einen zerknitterten Zwanzigdollarschein heraus, den Tex ihr einmal gegeben hatte, als sie gemeinsam einkaufen waren.

«Nur das», sagte sie und zeigte ihm den Schein.

F. T. räusperte sich.

«Nun, ich möchte, daß Sie sich keine Sorgen machen. Sobald wir alles geklärt haben, werden Sie ein regelmäßiges Einkommen haben. Bis dahin habe ich unten in der Bank, hier in diesem Gebäude, ein Konto für Sie eröffnet.»

Er sah, wie Angst über ihr Gesicht huschte, und setzte schnell hinzu: «Es ist Ihr Geld. Sie sind seine alleinige Erbin. Nach Abzug der Steuern und allem anderen werden Sie noch immer ein beträchtliches Vermögen haben. Und wenn Sie klug sind, lassen Sie es da, wo es ist, in Pfandbriefen und Schatzanweisungen. Machen Sie sich also keine Sorgen.»

«Ja», sagte sie, ohne etwas zu verstehen.

«Ich habe niemals zugelassen, daß Tex mit Aktien herumspielte», fuhr F. T. fort. «Er hatte keinen Sinn fürs Geschäft.»

Sie war schockiert zu hören, wie F. T. den armen Tex schlechtmachte, doch sie sagte: «Ich verstehe.»

«Wenn wir es richtig machen und alles gut läuft, müßten Sie etwa fünfzigtausend Dollar im Monat haben. Wahrscheinlich noch etwas mehr.»

Malika starrte F. T. an. «Ist das genug?» fragte sie vorsichtig.

Er warf ihr über den Rand seiner Brille einen überraschten Blick zu. «Ich denke, daß Sie damit leben können.»

«Ich hoffe es», sagte sie leidenschaftlich. «Ich verstehe nichts von Geld, wissen Sie. Ich habe mir noch nie selbst etwas gekauft. Wieviel kostet dies oder das? Ich weiß es nicht. Nur in meinem eigenen Land.»

«Natürlich.» F. T. schob ihr ein Scheckbuch über den Tisch. «Das ist ein vorläufiges Konto, verstehen Sie, damit Sie Geld abheben können, bis alle gesetzlichen

Anforderungen erfüllt sind. Ich hoffe, Sie werden es nicht überziehen. Aber ich glaube es eigentlich nicht.»

Er lächelte ihr aufmunternd zu. «Vergessen Sie nicht», fuhr er fort, «es sind nur fünfundzwanzigtausend Dollar darauf. Also seien Sie artig, und passen Sie gut auf Ihre Schecks auf.»

«Aber ich kann das nicht, was Sie von mir verlangen!» rief sie. «Bitte tun Sie es für mich.»

F. T. seufzte. «Können Sie Ihren Namen schreiben?» fragte er behutsam.

«Tex hat es mir in Lausanne gezeigt, aber ich habe es vergessen.»

Ohne es eigentlich zu wollen, hob F. T. die Arme. «Aber liebes Kind, wie wollen Sie leben? So geht es nicht weiter.»

«Nein», sagte sie kläglich.

F. T. schob seinen Stuhl zurück und stand auf. «Tja», sagte er munter, «was man nicht weiß, kann man lernen. Warum kommen Sie nicht jeden Vormittag her und nehmen Unterricht bei Miss Galper? Sie weiß einfach alles. Sie wird Ihnen beibringen, was Sie wissen müssen. Das wäre ein Vorschlag.»

Er war nicht auf ihre überschwengliche Reaktion gefaßt. Sie sprang auf und fiel ihm um den Hals. «Oh, F. T., das will ich! Genau das will ich!»

XIX

Am nächsten Tag brachte Malika ihr Gepäck in ein Hotel in Beverly Hills. Sie befolgte F. T.'s Rat und ließ Salvador weiter im Haus wohnen, nun jedoch ausschließlich als Chauffeur. Jeden Morgen holte er sie im Hotel ab und fuhr sie zu F. T.'s Büro. Dieses tägliche Ritual fand sie anregend. Miss Galper, eine freundliche junge Frau mit Brille, verbrachte den Vormittag damit, sie zu unterrichten; anschließend gingen sie gewöhnlich zusammen zum Lunch. In Miss Galpers Leben hatte es nicht viel Glanz gegeben, und sie war fasziniert von Malikas Erzählungen über Marokko und Europa. Trotzdem blieb immer ein Rest von Geheimnis in Malikas Geschichte, denn sie erklärte nie, wie sie in Tims Wohnung gelangt war. Nach ihrer Version hätte sie ebensogut bei einem Picknick am Strand von Sidi Qacem das Licht der Welt erblickt haben können.

Als F. T. nach zwei Monaten einsah, daß Malika eher noch ernsthafter entschlossen schien, ihre Ausbildung fortzusetzen, schlug er vor, den Unterricht ins Hotel zu verlegen. Jetzt war es Miss Galper, die von Salvador nach Beverly Hills und zurück gebracht wurde. Gelegentlich fuhren sie einkaufen – kleine Expeditionen nach Westwood, die Malika entzückten, denn zum ersten Mal wurde sie sich der Preise bewußt und konnte die Kaufkraft ihres Geldes einschätzen. F. T. hatte gesagt, daß sie mit dem, was Tex ihr hinterlassen hatte, besser würde leben können als die meisten anderen Leute. Damals hatte sie es für einen Versuch gehalten, sie zu trösten, jetzt aber, da sie die Preise einordnen konnte, erkannte sie, daß er recht gehabt hatte. Sie erzählte Miss Galper nichts von ihrer Überraschung, daß die Preise der Waren so niedrig lagen. Statt dessen überschüttete sie sie mit einer Flut kleiner Geschenke.

«Sie müssen damit aufhören, Malika», sagte Miss Galper.

Im ersten Monat hatten sie sich nur mit Rechnen beschäftigt. Dann kamen die Uhrzeiten dran, die Namen der Tage und Monate. Mit einiger Mühe brachte Miss Galper ihr bei, die beiden Formen ihres Namens zu schreiben: *Malika Hapgood* und *Mrs. Charles G. Hapgood.* Als der Unterricht ins Hotel verlegt wurde, hatte Malika angefangen, komplizierte Summen, die ihr in Ziffern genannt wurden, in Worten zu schreiben. Sie kehrten noch einmal zu den Ziffern zurück, und Malika lernte, auch diese richtig zu schreiben.

«Alles andere können Sie einer Sekretärin überlassen», erklärte Miss Galper. «Aber auf Ihr Geld müssen Sie selbst aufpassen.»

Aus diesem Grund erteilte sie Malika eine Lektion darin, wie man Geschäftsberichte der Bank liest und Anleihen so kauft, daß sie einen regelmäßigen Gewinn garantieren.

Während die Monate vergingen und Malikas Einblick in die Arbeitsweise der Welt um sie herum wuchs, begann ihr das wahre Ausmaß ihrer Unwissenheit klarzuwerden, und sie entwickelte ein leidenschaftliches Verlangen, Zeitungen und Illustrierte lesen zu können.

«Ich bin keine Englischlehrerin», sagte Miss Galper. «Dafür bezahlt F. T. mich nicht. Wir können Ihnen einen guten Lehrer besorgen, wann immer Sie wollen.»

Da Malika überzeugt war, nur von Miss Galper lernen zu können, fragte sie F. T. um Rat. Nach reiflicher Überlegung schlug er ihnen einen Plan vor, der Malika begeisterte und auch bei Miss Galper Anklang fand. Er würde Miss Galper ein Jahr bezahlten Urlaub geben, wenn Malika sie für diese Zeit als Gesellschafterin anstellte.

Auf diese Weise würde sie den Unterricht erhalten, den sie sich wünschte, erklärte er Malika. Er setzte hinzu, daß seiner Meinung nach Miss Galper nicht die geeignete Person dafür sei, da Malika jedoch ihr Herz daran gehängt habe, von ihr unterrichtet zu werden, erscheine ihm dies als eine akzeptable Lösung.

Es war Miss Galpers Idee, eine Reise nach Europa zu machen. F. T. empfahl ihnen, ein Auto zu kaufen, es auf einen Frachter zu verladen und Salvador mitzunehmen, um es drüben abzuholen und zu fahren. Als Malika das hörte, fragte sie, ob sie sich nicht alle zusammen mit dem Wagen einschiffen könnten. Das wäre vielleicht möglich, sagte F. T.

Schließlich hatte F. T. Malika einen neuen Paß besorgt, hatte sogar Miss Galper und Salvador geholfen, die ihren zu verlängern, und sich dann in Begleitung von Mrs. F. T. am Dock von San Pedro ausgiebig von ihnen verabschiedet. Es war ein komfortabler norwegischer Frachter, der nach Panama und dann weiter nach Europa fuhr.

Das Schiff befand sich bereits in tropischen Gewässern. Malika sagte, sie habe gedacht, nur in der Sahara könne es so heiß sein und mit Sicherheit nicht auf See. Sie hatte den ganzen Tag nichts zu tun. Salvador verbrachte die meiste Zeit mit Schlafen. Miss Galper saß an Deck und las. Sie hatte sich geweigert, Malika zu unterrichten, solange sie auf dem Schiff waren. «Ich würde davon seekrank werden», versicherte sie. Doch entging ihr Malikas Langeweile nicht, und sie führte lange Gespräche mit ihr.

XX

Malika konnte nicht wie Miss Galper dasitzen und auf das Meer schauen. Der schnurgerade Horizont auf allen Seiten flößte ihr dasselbe Gefühl von Unwirklichkeit ein wie jenes, das sie auf dem Flug mit Tex empfunden hatte.

Panama war eine Erleichterung und der Beweis, daß das Schiff in all diesen Tagen nicht stehengeblieben war. Sie hatten einen vollkommen anderen Teil der Welt erreicht.

Sie brauchten den ganzen Tag, um den Kanal zu passieren. Malika stand auf Deck in der Sonne und winkte den Männern zu, die in den Schleusen arbeiteten. Doch ab Panama wuchs ihre Unruhe mit jedem Tag. Sie konnte nichts anderes tun, als jeden Nachmittag im engen Gesellschaftsraum endlose Schachpartien mit dem gähnenden Salvador zu spielen. Während der Partien fiel kein Wort. Seit Beginn der Reise drängte der Kapitän Malika, die Brücke zu besichtigen. Irgendwann hatte Miss Galper erwähnt, daß er die Macht besaß, jedermann an Bord festzunehmen und in eine dunkle Zelle irgendwo im Bauch des Schiffes sperren zu lassen. Als Malika schließlich seiner Einladung folgte, nahm sie Miss Galper mit.

Malika stand am Bug und starrte auf die weißen Gebäude von Cádiz. Während das Schiff in den Hafen einlief, sagte ihr das Zusammenspiel des Lichts mit der Farbe der Mauern und den Gerüchen im Wind, daß sie wieder in ihrem Teil der Welt war und nicht weit weg von zu Hause. Lange Zeit hatte sie den Gedanken an das kleine Haus über der Schlucht unterdrückt. Jetzt, da es sie nicht mehr ängstigte, war sie imstande, fast liebevoll daran zu denken.

Sie hatte die Pflicht, ihre Mutter zu besuchen, wie feindselig der Empfang auch ausfallen mochte. Sie mußte versuchen, ihr Geld zu geben, obwohl sie sicher war, daß sie es nicht annehmen würde. Doch Malika hatte sich etwas einfallen lassen. Sollte ihre Mutter sich weigern, das Geld zu nehmen, würde sie ihr sagen, daß sie es im Nachbarhaus bei Mina Glagga hinterlegte. Ihre Mutter würde keine Zeit verlieren und es abholen, sobald Malika verschwunden wäre.

Miss Galper hatte gehofft, die Nacht in Cádiz zu verbringen, Malika jedoch bestand darauf, sofort nach Algeciras weiterzufahren. Jetzt, da sie so nahe an zu Hause war, wollte sie so schnell wie möglich dorthin. «Ich muß meine Mutter sehen», sagte sie. «Ich muß sie sofort sehen.»

«Natürlich», antwortete Miss Galper. «Aber Sie haben sie seit zwei Jahren nicht gesehen, und sie erwartet Sie nicht. Was macht ein Tag früher oder später schon aus?»

«Wir können hierher zurückkommen. Jetzt muß ich meine Mutter besuchen.»

An diesem Abend sahen sie Salvador am anderen Ende des langen Speisesaales im Hotel von Algeciras beim Essen sitzen. Er hatte seine Uniform gegen einen grauen Flanellanzug eingetauscht. Malika beobachtete ihn genau und sagte: «Er trinkt Wein.»

«Morgen früh wird er wieder in Ordnung sein», sagte Miss Galper. «Sie trinken immer, die Filipinos.»

Er stand an der Tür und grinste, als sie am Morgen aus dem Hotel kamen, um sich ans Dock fahren zu lassen. Die meisten Passagiere, die nach Tanger fuhren, waren Marokkaner. Malika hatte die schamlose Aufdringlichkeit vergessen, mit der ihre Landsleute Frauen anstarrten. Sie war wieder unter ihresgleichen. Diese Einsicht verunsicherte sie; sie spürte Erregung und Angst zugleich.

XXI

Nachdem sie ihre Zimmer im Hotel bezogen hatten, ging Malika hinunter zum Empfang. Sie wollte ihre Mutter gegen Abend besuchen; dann konnte sie sicher sein, sie zu Hause anzutreffen, und hätte gleichzeitig einen Vorwand, nicht allzu lange zu bleiben. Sie hatte vor, in Tetuan zwei Hotelzimmer zu reservieren, eins für Salvador und eins für sich, und am nächsten Morgen nach Tanger zurückzukehren. Am Empfang erzählte man ihr von einem neuen Hotel am Strand, nur etwa eine Meile von ihrer Heimatstadt entfernt. Sie ließ telefonisch Reservierungen vornehmen.

Miss Galpers Zimmer lag am Ende des Flures. Malika klopfte an ihre Tür und sagte, sie würde gegen fünf Uhr aufbrechen, so daß sie vor Einbruch der Dunkelheit im Hotel wäre.

Miss Galper musterte sie forschend. «Ich bin froh, daß Sie es gleich hinter sich bringen», sagte sie.

«Machen Sie sich einen schönen Tag», antwortete Malika. «Es gibt Bars, die Sie besuchen können.»

«Nein danke! Die Männer hier versetzen mich in Panik. Sie versuchen ständig, mit einem zu reden.»

Malika zuckte die Achseln. «Was macht das schon? Sie verstehen ja doch nicht, was sie sagen.»

Zum Glück, dachte sie bei sich. Die brutalen und obszönen Bemerkungen, mit denen die Männer auf der Straße vorbeikommende Frauen bedachten, ekelten sie an und machten sie wütend. Miss Galper konnte froh sein, kein Arabisch zu verstehen.

Sie verabschiedete sich kurz und eilte in ihr Zimmer zurück. Die Aussicht, ihre Mutter zu sehen, hatte sie verunsichert. Mechanisch packte sie ein paar Kleidungsstücke in eine kleine Tasche. Vor dem Verlassen des Hotels löste sie im Büro mehrere Reiseschecks ein, und kurze Zeit später war sie mit Salvador auf dem Weg nach Tetuan.

Die Berge trugen Schals aus weißen Wolkenfetzen, die von den Gipfeln wegtrieben. Salvador kritisierte die enge Straße. Malika achtete kaum auf ihn. Ihr Herz schlug ungewöhnlich schnell. Es war also wahr: sie kam zurück, um ihrer Mutter zu helfen; sie tat dies, weil es dem Plan entsprach. Seit dem Tag, an dem sie weggelaufen war, hatte die Vision einer triumphalen Rückkehr sie nie verlassen: sie würde der lebende Beweis sein, daß ihre Mutter unrecht hatte, daß sie nicht war wie die anderen Mädchen der Stadt. Jetzt, da der Augenblick immer näher rückte, hatte sie das Gefühl, als sei ihr Besuch zum Scheitern verurteilt. Ihre Mutter würde keine Freude empfinden, sie zu sehen – nur Groll und Erbitterung bei dem Gedanken, daß sie mit Ungläubigen zusammengewesen war.

Salvador sagte: «In Philipinas haben wir bessere Straßen als hier.»

«Fahr langsam», antwortete sie.

Sie umfuhren Tetuan und bogen links ab in die Straße,

die zu ihrer Stadt führte. Der Wind vom Meer blies in den Wagen. *«Bismil'lah»*, murmelte sie leise, denn jetzt begann der entscheidende Teil ihrer Reise.

Sie merkte nicht einmal, daß sie die Stadt erreicht hatten, bis sie auf der Hauptstraße waren. Sie wirkte vollkommen verändert. Es gab neue, große Gebäude und helle Lichter. Der Gedanke, daß sich während ihrer Abwesenheit die Stadt verändert haben könnte, war ihr nie in den Sinn gekommen; sie selbst konnte sich ändern, die Stadt aber blieb ein unbewegter Hintergrund, vor dem sie ihre eigene Wandlung erkennen und messen könnte.

Kurz darauf erreichten sie das neue Hotel, das im blendenden Schein grünen Flutlichts am Strand lag.

XXII

Es dauerte nicht lange, bis Malika entdeckte, daß es kein richtiges Hotel war. Es gab keinen Zimmerservice, und im Speisesaal wurden nur Snacks angeboten. Vor dem Essen zog sie Bluejeans an, die sie in Los Angeles auf Anraten Miss Galpers gekauft hatte. Sie trug einen Pullover und band sich ein seidenes Tuch fest um den Kopf. In diesem Aufzug fühlte sie sich vollkommen anonym.

Salvador saß bereits an der Theke im *comedor* und aß. Sie setzte sich neben ihn auf einen Hocker und bestellte *pinchitos*. Ihr Magen rebellierte bei dem Gedanken an Essen, doch sie kaute und schluckte das Fleisch hinunter, weil sie gelernt hatte, daß man sich nur dann wohl fühlte, wenn man regelmäßig etwas zu sich nahm. Über das heisere Krächzen des Transistorradios am Ende der Theke hinweg hörte sie das dumpfe, immer gleiche Geräusch der Wellen, die sich unten am Strand brachen. Wenn ihre Mutter einen Wutanfall bekäme und anfinge, sie zu schlagen, würde sie direkt zu Mina Glagga gehen, um ihr das Geld zu geben; damit wäre dann die Sache beendet. Sie unterschrieb die Rechnung und trat hinaus in den Wind zum Wagen.

Der ungewohnte Anblick der Stadt verwirrte sie. Sie hatten den Markt verlegt; sie konnte ihn nirgends entdecken, und sie spürte, wie ob dieses Verrats eine Woge der Entrüstung in ihr aufstieg. Salvador parkte den Wagen an der Tankstelle, und sie gingen zu Fuß die enge Straße entlang, die zum Haus führte. Straßenlaternen gab es nur auf einem Teil des Weges; dahinter wäre es ohne das Mondlicht völlig finster gewesen. Salvador warf einen Blick in das Dunkel vor sich und sagte, es wäre besser, kehrtzumachen und morgen früh wiederzukommen.

«Du wartest hier», sagte sie entschlossen. «Ich komme zurück, sobald ich kann. Ich kenne den Weg.» Und eilig ging sie weiter, ehe er irgend etwas einwenden konnte.

Sie stieg die menschenleere, mondüberflutete Straße hinauf, bis sie an einen rechteckigen kleinen Platz kam, von dem aus man, wenigstens bei Tage, das Haus ihrer Mutter am Rande des Abhangs sehen konnte. Sie schaute hin, doch der Mond schien es nicht zu beleuchten; sie konnte ihr Haus nicht entdecken. Sie lief weiter, von einer alptraumhaften Vorahnung erfüllt, und dann blieb sie stehen, den Mund in ungläubigem Staunen geöffnet. Das Haus war nicht mehr da. Selbst das Grundstück, auf dem es gestanden hatte, war verschwunden. Mina Glaggas Haus und all die anderen an der Schlucht gelegenen

Häuser waren weg. Bulldozer hatten eine andere, leere Landschaft geschaffen, einen riesigen Damm aus Erde, Asche und Müll, der einen ganz neuen Abhang bildete. Das kleine Haus mit seinem Garten war genau an der Stelle gewesen, wo sie jetzt stand. Sie merkte, wie sich vor Schmerz ihre Kehle zuschnürte, als sie sich sagte, daß es nicht mehr existierte.

Schließlich wandte sie den Blick von dem nichtssagenden Gelände ab, machte kehrt und ging auf den Platz zurück, wo sie an die Tür eines der Häuser klopfte. Die Frau, die ihr öffnete, war eine Freundin ihrer Mutter, deren Namen sie vergessen hatte. Sie musterte mißbilligend Malikas Jeans und bat sie nicht herein. Sie unterhielten sich in der Tür. Mit ausdrucksloser Stimme erzählte die Frau, daß ihre Mutter vor über einem Jahr, während des Ramadan, gestorben sei. Gott sei Dank, setzte sie hinzu, habe sie nicht mehr mit ansehen müssen, wie man ihr Haus zerstörte, um Platz für die neue Straße zu machen. Malikas Schwester sei nach Casablanca gezogen, glaubte sie, aber sicher war sie nicht.

Mittlerweile hatte die Frau die Tür so weit zugedrückt, daß sie beinahe geschlossen war. Malika dankte ihr und wünschte gute Nacht.

Sie ging zu der Aufschüttung, stand am Rand und starrte hinunter auf die plane Oberfläche des Abhangs, unwirklich selbst im spärlichen Licht, das der Mond darauf warf. Sie mußte die Augen zukneifen, um die Tränen zurückzuhalten, die in ihr aufstiegen, und das kam ihr seltsam vor, denn sie hatte nie Zärtlichkeit für ihre Mutter empfunden. Dann sah sie etwas klarer. Sie weinte nicht um ihre Mutter, sie weinte um sich selbst. Es gab keinen Grund mehr, irgend etwas zu tun.

Sie ließ den Blick über die dunkle Weite zu den Bergen auf der anderen Seite schweifen. Es wäre gut, hier an dem Ort, an dem sie gelebt hatte, zu sterben, zusammen mit dem Haus unter der verhaßten Masse begraben zu werden. Als sie am Rand des Abhangs stehend mit der Ferse aufstampfte, verlor sie das Gleichgewicht und rutschte über Berge von Asche und verfaulten Essensabfällen hinunter. In diesem Augenblick war sie überzeugt, daß dies die Strafe dafür war, daß sie gerade noch hatte sterben wollen; ihr Gewicht hatte einen Erdrutsch in Gang gesetzt, der sie bis zum Grund mit sich schleifen und unter Tonnen von Schutt und Abfall begraben würde. Entsetzt lag sie still und lauschte. Eine Zeitlang hörte sie noch ein Rascheln um sich herum und spürte, wie Sand und kleine Steinchen nachrieselten, doch diese Geräusche wurden bald von der Stille verschluckt. Sie kletterte wieder zur Straße hinauf.

Eine Wolke zog langsam vor dem Mond vorbei. Sie lief den Berg hinunter zu der Straßenlaterne, wo Salvador wartete.

Madame und Ahmed

Außer wenn es sehr stark regnete, verbrachte Mrs. Pritchard ungefähr die Hälfte des Tages damit, draußen im Garten zu arbeiten. Es war ein bewundernswerter Garten, aber kein Ort der Muße. Ihr Haus lag auf einer Klippe über dem Meer; der Wind, der durch die Meerenge von Gibraltar fegte, traf diesen Punkt zuerst und blies hier heftiger. Wenn Ahmed an Madame im Garten dachte, sah er sie mit im Wind flatterndem Rock, die eine Hand über dem Haar, in dem vergeblichen Versuch, ihre Frisur zu retten.

Das Gelände fiel hier bis zum beinahe senkrechten Abgrund etwa hundert Meter weit mäßig ab, und der terrassierte Garten nahm die ganze Länge dieses Abhangs ein. Auf einigen Terrassen gab es lange gekachelte Becken mit Goldfischen; andere waren mit Bäumen bepflanzt, zum Schutz für kleine Springbrunnen mit marmornen Fischen, aus deren Mäulern Wasser in Bassins sprudelte.

Sie hatte den Garten so angelegt, daß er das ganze Jahr über herrliche Blüten hervorbrachte und den öden, unwirtlichen Landstreifen gänzlich verwandelte, und auf dieses Ergebnis war sie stolz. In letzter Zeit jedoch schienen einige große Büsche, die sie aus England hatte kommen lassen, nicht recht zu gedeihen, und da sie in Sichtweite des Hauses standen, war sie über ihr kränkliches Aussehen betrübt. Wenn Gäste aus dem Fenster schauten, bat sie sie, nicht hinzusehen, und sagte traurig: «Dieses Jahr schäme ich mich meines Gartens.»

Ihre Freunde fühlten mit ihr; die meisten gaben ihr den Rat, einen neuen Gärtner zu suchen. Das beunruhigte sie, denn sie schreckte vor dem Gedanken zurück, Ahmed zu entlassen. Seit elf Jahren hielt er ihren Garten in Ordnung. In diesen vielen Jahren hatten sie wer weiß wie viele Stunden nebeneinandergekniet und mit Blumenkelle und Gartenschere zusammen gearbeitet. Und immerzu hatten sie dabei über das Wesen der Pflanzen gesprochen. Sie hatte das Gefühl, daß sie sich kannten und einander auf elementare und bewegende Art verstanden, wenn auch Ahmed nie gelernt hatte, ihren Namen auszusprechen. Für ihn war sie Madame.

Eines Tages kam sie aufgeregt zu ihm und erzählte, daß sie eine große Zahl herrlicher Pflanzen von einem Mann in der Stadt gekauft habe, der sie morgen mit einem Lastwagen anliefern und, wie sie hinzusetzte, ihr beim Einpflanzen zur Hand gehen würde. Als sie Ahmeds verletzten und erstaunten Gesichtsausdruck sah, erklärte sie, daß dieser Service im Preis der Pflanzen enthalten gewesen sei. Der Preis, gestand sie, sei extrem hoch gewesen, sie sehe daher keinen Grund, das Angebot des Mannes auszuschlagen. Ahmed war nicht imstande, ihrer Logik zu folgen; er begriff nur, daß sie einem Fremden gestattete, den Garten zu betreten und darin zu arbeiten. «Ja, Madame», sagte er, sonst nichts.

Am folgenden Morgen erschien ein korpulenter Mann in grauem Anzug mit Madame im oberen Teil des Gartens. Sie unterhielten sich und zeigten gelegentlich auf eine der Pflanzen. Ahmed, der auf einer der unteren Terrassen hockte, starrte zu dem Mann hinauf und erkannte in ihm den Obergärtner der städtischen Verwaltung. Als er wenig später vom Geräteschuppen zurückkam, konnte er nah genug an den neuen Pflanzen vorbeigehen, um festzustellen, daß sie aus den städtischen Anlagen stammten. Einen Augenblick war er versucht, zu Madame zu gehen und ihr zu sagen, daß sie gestohlene Ware gekauft habe, doch dann besann er sich eines Besseren. In den Jahren, die er für sie arbeitete, hatte er beobachtet, daß sie, wenn ein Marokkaner schlecht über einen anderen sprach, automatisch Partei für den Beschuldigten und nicht für den Ankläger ergriff. Er mußte auf einen geeigneten Augenblick warten, um dann vielleicht von seinem Wissen über die Herkunft der Pflanzen Gebrauch zu machen.

Ein zweiter Mann trug weitere Töpfe aus dem Lastwagen in den Garten und stellte sie in Reihen auf die oberste Terrasse. Madame sagte zu dem korpulenten Mann: «Diese kommen hier neben die Mauer und die anderen in das runde Beet dort, und die Tuberosen sollten ganz unten am Ende des Pfades für sich stehen, denke ich.»

«Ich kenne den besten Platz für jede Pflanze, Madame», antwortete der dicke Mann. «Sie werden sehen.»

«Warten Sie», rief sie nervös und sah sich wie hilfesuchend um. «Ich schicke Ihnen meinen Gärtner.»

Der Mann winkte ab. «Nein, nein! Mein Gehilfe und ich werden das schon machen. Jede Pflanze wird an der richtigen Stelle stehen. Überlassen Sie das nur mir.»

Mrs. Pritchard schien in sich zusammenzusinken. Sie drehte sich um und ging ins Haus.

Der Dieb hatte das Kommando im Garten übernommen

und ließ nicht einmal zu, daß Madame ihre Pflanzen dahin bekam, wo sie sie haben wollte. Von der tiefer gelegenen Terrasse aus beobachtete Ahmed die beiden Männer. Sie steckten die Pflanzen hastig in den Boden und achteten kaum darauf, was sie taten. Als sie fertig waren, gingen sie auf den beiden obersten Terrassen hin und her und begutachteten die Blumen. Er versuchte zu verstehen, was sie sagten, aber sie sprachen zu leise. Als er sah, daß sie lange vor dem großen Hibiskus stehenblieben, den Madame aus Hawaii mitgebracht hatte, ahnte er, daß der dicke Mann einen Vorwand suchen würde, um Madame erneut aufzusuchen.

Kaum war der Lastwagen weggefahren, als Madame aus dem Haus kam und Ahmed zu sich rief. Gemeinsam inspizierten sie die hastige Arbeit. Madame lachte. «Macht nichts. Wir können sie später umpflanzen.»

Er warf einen gleichgültigen Blick auf die Reihe der Schmucklilien. Als sie den Preis erwähnte, den sie dafür bezahlt hatte, war er empört. «Sie hätten Zwiebeln kaufen können», sagte er vorwurfsvoll.

«Aber dann hätten sie erst nächstes Jahr geblüht.»

Er nickte finster.

Als er am Abend an der Küchentür vorbeikam, hielt ihn der schwarze Koch Johara auf. «Weißt du, was dieser Mann Madame gesagt hat? Er hat gesagt, du wärst kein richtiger Gärtner, sie sollte dich entlassen und ihn hier arbeiten lassen.»

«Er ist ein Verbrecher!» rief Ahmed.

In der Hütte hinter dem Gewächshaus, wo er lebte, setzte Ahmed sich hin und grübelte. Er mußte seine

Stellung verteidigen, und er mußte den Garten retten. Er erinnerte sich wieder der Aufmerksamkeit, die die Besucher dem Hibiskus geschenkt hatten. Wenn sie zum Arbeiten herkämen, würden sie den Garten methodisch seiner wertvollsten Pflanzen berauben.

Als er sich überzeugt hatte, daß er teilweise auch in Madames Interesse handelte, fühlte er sich weniger schuldig bei dem, was er vorhatte. Es war einfach genug. Nachdem alle Lichter im großen Haus erloschen waren, wartete er noch einige Stunden. Dann griff er nach einem Sack, warf ein scharfes Messer hinein und stahl sich in den Garten, zum Ende der höchstgelegenen Terrasse, wo er vor den frisch eingesetzten Pflanzen niederkniete. Eine nach der anderen riß er heraus, trennte mit einem kurzen Hieb ihre Wurzel oder Knolle ab und pflanzte sie vorsichtig wieder dort ein, wo sie gestanden hatte. Als er in seine Hütte zurückkam, war der Sack voller Zwiebeln und Wurzeln. Er entfachte ein Feuer in seinem *mijmah* und ließ sie bis zur Unkenntlichkeit verkohlen, ehe er sie hinaustrug und über den Komposthaufen streute. Dann legte er sich schlafen.

Am Morgen war Madame draußen und schaute sich die neuen Pflanzen an. «Sie sind sehr schön», sagte sie zu Ahmed. «Jede muß mit einer Gießkanne gewässert werden, ehe die Sonne sie erreicht. Gieße etwas Wasser um jeden Stengel, damit es einsickern kann.»

Sie sah eine Weile zu, wie Ahmed mißmutig schweigend ihre Anweisungen ausführte. Dann ging sie, offensichtlich befriedigt, hinein. Seit vielen Jahren stand sie schon so über ihm und wachte darüber, ob er das, was sie ihm auftrug, auch richtig machte, und er begriff, daß das

Gift des dicken Mannes seine Wirkung tat, daß sie trotz dessen offener Gleichgültigkeit ihren Wünschen gegenüber die Idee, ihn für die Pflege des Gartens einzustellen, noch nicht verworfen hatte.

Um die Mittagszeit wirkten einige der Pflanzen nicht mehr so frisch wie am Morgen. Ahmed bemerkte es, als er vorbeikam, und beschloß, es erst gegen Abend zu melden, wenn die Sonne ihre zerstörerische Arbeit weiter vorangetrieben hatte.

Es war Madame selbst, die als erste etwas über die jämmerliche Verfassung der Pflanzen sagte. Sie rief Ahmed, der aus dem unteren Teil des Gartens heraufkam.

«Ich weiß nicht», sagte sie und schüttelte den Kopf. Als sie an einer der Pflanzen zupfte, fiel diese um, ein trockener Stengel, der sein wurzelloses Ende offenbarte. Sie griff nach der nächsten Pflanze und zog sie heraus.

«Ahmed!» rief sie. «Es sind nur Stengel, die in den Boden gesteckt sind! Es sind überhaupt keine richtigen Pflanzen!»

Er begutachtete die beiden Pflanzen und starrte Madame an. Sie tat ihm leid. Der Wind blies ihr das Haar ins Gesicht, und sie schien jeden Augenblick in Tränen ausbrechen zu wollen.

«Sie sahen so gesund aus», sagte sie.

Gemeinsam gingen sie weiter, um die Schmucklilien, die Tuberosen zu inspizieren. «Das dreckige Schwein!» rief Madame. «Kein Wunder, daß er mich nicht dabeihaben wollte, als er sie einpflanzte.»

Plötzlich starrte sie Ahmed an. «Er kommt zurück.

Er hat gesagt, daß er mir noch einige Rosensträucher bringt.»

«Er wird nicht wagen wiederzukommen, nach dem, was er getan hat», erklärte Ahmed.

Madame wirkte noch unruhiger. «Und zu denken», begann sie, hielt dann jedoch inne, als ihr klar wurde, daß sie noch vor wenigen Minuten in Erwägung gezogen hatte, Ahmed zu entlassen und den Mann einzustellen. Eine solche Treulosigkeit konnte sie nicht eingestehen. Ahmed wußte, was sie hatte sagen wollen, und lächelte finster.

«Wenn er zurückkommt, lassen Sie ihn nicht herein. Sprechen Sie nicht einmal mit ihm. Rufen Sie mich; ich werde mich um ihn kümmern.»

«Das ist mir auch viel lieber», sagte sie. «Ich will dieses abscheuliche Gesicht nicht mehr sehen.»

Der Wind wehte, die toten Pflanzen landeten auf dem Komposthaufen, und der kurze Skandal wurde nicht mehr erwähnt. Ahmed war jedoch sicher, daß der Mann wiederkommen würde.

Eines Tages war er da. Johara kam zum Geräteschuppen, um ihm zu sagen, daß der böse Mann vor der Tür warte und Madame sehr nervös sei.

Ahmed zog seine Dschellaba an und ging zum Tor. Er öffnete, sah den dicken Mann streng an und sagte, als würde er einen Befehl wiederholen, den er auswendig gelernt hatte: «Madame läßt dir ausrichten, daß sie weiß, wo die Pflanzen herstammen, und daß du dich hier nicht wieder blicken lassen sollst, es sei denn, du willst es der Polizei erklären.»

Dann schloß er die Tür und horchte, wie der Lastwagen davonfuhr. Madame wartete am Eingang der Halle.

«Er ist weg», sagte er.

«Ahmed, was würde ich ohne dich anfangen?» Sie starrte ihn einen Augenblick kopfschüttelnd an. «Was hast du ihm gesagt?»

«Daß kein gläubiger Moslem eine alleinstehende Frau hereinlegen würde.»

Mrs. Pritchard überlegte. «Ich bin sicher, daß das genau das Richtige war. Ich fürchte, ich hätte ihn beleidigt und dann die ganze Nacht kein Auge zutun können. Ich bin dir sehr dankbar.»

Da er sich noch immer nicht wohl fühlte wegen der Enttäuschung, die er Madame bereitet hatte, und ziemliche Gewissensbisse wegen der von ihm vernichteten gesunden und kostbaren Pflanzen hatte, antwortete er mit Erleichterung: «Jeder arbeitet heutzutage mit Tricks, Madame, jeder.»

Für ihn war das ein bequemes Eingeständnis seiner Schandtat, sie jedoch faßte es als eine Anspielung auf. «Oh, ich werde es nicht wieder tun», sagte sie, «ich gebe dir mein Wort.» Er warf ihr einen anerkennenden Blick zu und wandte sich zum Gehen.

«Sie haben recht, Madame», sagte er. «Glauben Sie niemandem.»

Kitty

Kitty lebte in einem mittelgroßen Haus, das von einem ausgedehnten Garten umgeben war. Einige Dinge, wie Picknicks und Zirkusbesuche, mochte sie; andere, wie Schule und Zahnarztbesuche, konnte sie nicht ausstehen.

Eines Tages fragte sie ihre Mutter: «Warum heiße ich Kitty?»

«In Wirklichkeit heißt du Catherine», antwortete ihre Mutter, «wir nennen dich nur Kitty.»

Diese Antwort stellte Kitty nicht zufrieden; sie kam zu dem Schluß, daß ihre Mutter ihr nicht die Wahrheit sagen wollte. Daraufhin dachte sie noch mehr über ihren Namen nach. Schließlich glaubte sie, die Antwort gefunden zu haben. Sie hieß Kitty, weil sie eines Tages zu einer Katze heranwachsen würde. Sie war stolz, das herausgefunden zu haben, und fing an, sich im Spiegel zu beobachten, um zu sehen, ob sie vielleicht schon wie eine Katze oder zumindest wie ein Kätzchen aussah.

Lange Zeit erblickte sie nur ihr eigenes rosiges Gesicht. Doch eines Tages, als sie zu dem Spiegel hinaufkletterte, konnte sie kaum fassen, was sie sah, denn um ihren Mund sprossen die ersten feinen grauen Schnurrhaare. Sie hüpfte vor Freude von einem Bein aufs andere und wartete, daß ihre Mutter etwas dazu sagte. Ihre Mutter jedoch hatte für derlei Dinge keine Zeit und bemerkte nichts.

Jeden Tag, wenn Kitty ihr Spiegelbild betrachtete,

fielen ihr weitere wunderbare Veränderungen auf. Allmählich wurden die Schnurrhaare länger und standen weiter von ihrem Gesicht ab, und ihre Haut verschwand unter einem weichen grauen Fell. Die Ohren wurden spitzer, und an Handflächen und Fußsohlen bildeten sich weiche Ballen. All dies schien zu schön, um wahr zu sein, und Kitty war traurig, daß niemand ein Wort über ihre unglaubliche Veränderung verlor. Eines Tages beim Spielen drehte sie sich zu ihrer Mutter um und sagte: «Miau. Ich bin Kitty. Gefällt dir die Farbe meines Fells?»

«Ich weiß nicht», sagte ihre Mutter. «Welche Farbe hat es denn?»

«Es ist grau!»

«Oh, grau, wie hübsch», sagte ihre Mutter, und Kitty erkannte enttäuscht, daß es ihr gleichgültig war, welche Farbe ihr Fell hatte.

Anschließend versuchte sie mehreren Nachbarn eine Bemerkung über ihre feinen Schnurrhaare, die samtigen Ohren und den kurzen buschigen Schwanz zu entlocken; sie stimmten zu, daß all dies wirklich hübsch war, und schenkten ihm dann keine weitere Beachtung. Kitty machte sich nicht viel daraus. Wenn *sie* auch nicht merkten, wie stark sie sich verändert hatte – ihr entging es nicht.

Eines Sommermorgens, als Kitty erwachte, entdeckte sie, daß ihre Finger- und Zehennägel von herrlichen, schimmernden grauen Krallen ersetzt worden waren, die sie nach Belieben ausfahren und wieder einziehen konnte. Sie sprang aus dem Bett und lief in den Garten. Es war noch sehr früh. Ihre Mutter und ihr Vater schliefen noch, aber auf dem Rasen liefen ein paar Vögel herum.

Sie versteckte sich hinter einigen Büschen und beobachtete sie. Nach einer langen Zeit begann sie sich anzuschleichen. Ihr Nachthemd verfing sich in den Zweigen; sie streifte es ab. Als einer der Vögel ihr zu nahe kam, machte sie einen Satz und fing ihn. Und im selben Augenblick war ihr klar, daß sie kein Mädchen mehr war – und daß sie nie wieder ein Mädchen würde sein müssen.

Der Vogel schmeckte gut, aber sie beschloß, ihn nicht zu fressen. Statt dessen rollte sie sich in der Sonne auf den Rücken und leckte ihre Pfoten. Dann setzte sie sich auf und wusch ihr Gesicht. Nach einer Weile entschied sie sich, Mrs. Tinsley einen Besuch abzustatten und zu sehen, ob sie dort ein Frühstück bekäme. Sie kletterte auf die Gartenmauer und rannte schnell darüber bis aufs Dach der Garage. Von dort kletterte sie vorsichtig das Spalier hinunter in Mrs. Tinsleys Garten. Sie hörte Geräusche in der Küche, ging zur Tür mit dem Fliegengitter und sah hinein. Dann sagte sie: «Miau.» Sie mußte es eine ganze Weile sagen, ehe Mrs. Tinsley kam und sie bemerkte.

«Nein, was für ein süßes Kätzchen!» sagte Mrs. Tinsley und rief nach ihrem Mann und ihrer Schwester. Als sie kamen, sahen sie das kleine graue Kätzchen mit einer Pfote am Fliegengitter kratzen. Natürlich ließen sie es herein, und kurz darauf schlabberte Kitty Milch aus einer Untertasse. Dann schlief sie den ganzen Tag, auf einem Kissen zusammengerollt. Am Abend bekam sie ein Schälchen mit köstlicher roher Leber.

Nach dem Dinner wollte sie nach Hause zurückkehren. Mr. Tinsley sah sie vor der Küchentür, doch statt die Tür aufzumachen, hob er sie hoch und sperrte sie in den

Keller. Das war ganz und gar nicht nach Kittys Geschmack, und sie maunzte die ganze Nacht.

Am Morgen durfte sie wieder nach oben und bekam eine große Schale Milch vorgesetzt. Als sie getrunken hatte, wartete sie in der Küche, bis Mrs. Tinsley die Tür öffnete, um in den Garten zu gehen. Dann rannte sie, so schnell sie konnte, zwischen Mrs. Tinsleys Beinen hindurch und kletterte auf das Dach der Garage. Sie sah auf Mrs. Tinsley hinunter, die «Kitty, Kitty, Kitty» rief. Schließlich wandte sie sich ab und lief in die andere Richtung. Bald war sie in ihrem eigenen Garten. Sie ging zu allen Türen und blickte hinein. Im ganzen Haus waren Polizisten, die mit ihrer Mutter und ihrem Vater sprachen. Sie hielten Kittys zerfetztes Nachthemd in der Hand; ihre Mutter schluchzte. Keiner schenkte Kitty die geringste Aufmerksamkeit.

Traurig lief sie zu Mrs. Tinsley, und dort blieb sie viele Wochen lang. Manchmal kehrte sie zu ihrem Haus zurück und spähte durch die Türen, und oft sah sie ihre Mutter oder ihren Vater. Doch sie wirkten anders als früher, und selbst wenn sie sie bemerkten, kamen sie nie zur Tür, um sie hereinzulassen.

Es war fein, nicht in die Schule gehen zu müssen, und Mr. und Mrs. Tinsley waren wirklich gut zu ihr, doch Kitty liebte ihre Mutter und ihren Vater über alles und wollte bei ihnen sein.

Mr. und Mrs. Tinsley ließen sie jetzt hinaus, wann immer sie wollte, da sie stets zurückkam. Nachts lief sie zu ihrem Haus, schaute durch das Fenster und sah, wie ihr Vater allein dasaß und die Zeitung las. Daher wußte sie, daß ihre Mutter fort war. Aber selbst wenn sie schrie und ihre Pfoten gegen die Scheibe preßte, achtete ihr Vater nicht auf sie, und sie sah ein, daß er sie niemals hereinlassen würde. Das würde nur ihre Mutter tun. Sie würde kommen, die Tür öffnen, sie aufheben, ihr das Fell auf der Stirn streicheln und sie küssen.

Mehrere Monate später, als Kitty über die Mauer in ihren eigenen Garten kletterte, sah sie ihre Mutter in einem Stuhl auf der Terrasse sitzen. Sie sah viel besser aus, fast wie früher. Langsam, mit hochgerecktem Schwanz, ging Kitty über den Rasen auf sie zu. Ihre Mutter richtete sich auf, als sie näher kam. Dann streckte sie die Hand aus und schnippte mit den Fingern: «Was für ein hübsches kleines Kätzchen», sagte sie. «Wo kommst du denn her?»

Kitty ging nah genug heran, um sich von ihrer Mutter den Kopf streicheln und die Wangen kraulen zu lassen. Sie schlug mit dem Schwanz und schnurrte vor Wohlbehagen, als sie ihre Finger auf dem Fell spürte. Schließlich sprang sie auf den Schoß ihrer Mutter und rollte sich zusammen, während sie zufrieden die Krallen einzog und wieder spreizte. Nach einer Weile hob ihre Mutter sie hoch, drückte sie gegen ihr Gesicht und trug sie ins Haus.

An diesem Abend lag Kitty glücklich auf dem Schoß ihrer Mutter. Auf den ihres Vaters wollte sie lieber nicht; sie hatte Angst, daß er sie wegstoßen würde. Außerdem sah sie, daß es dort nicht so bequem war.

Kitty wußte, daß ihre Mutter sie bereits ins Herz geschlossen hatte und ihr Vater mit der Zeit lernen würde, sie zu mögen. Endlich hatte sie genau das Leben, das sie sich immer gewünscht hatte. Manchmal dachte sie, es wäre schön, wenn sie ihnen verständlich machen könnte, daß sie in Wirklichkeit Kitty war, doch sie wußte, daß das nicht ging. Nie wieder hörte sie ihre Eltern *Kitty* sagen. Statt dessen tauften sie sie *Feather*, weil ihr Fell so lang und fein war, daß sie zu schweben schien, wenn sie sich bewegte. Sie brauchte sich nicht mehr um die Schule zu sorgen, mußte nie zum Zahnarzt und fragte sich nicht länger, ob ihre Mutter ihr die Wahrheit sagte oder nicht, denn sie kannte die Wahrheit. Sie war Kitty, und sie war glücklich.

Der Ehemann

Abdallah bewohnte mit seiner Frau ein Zweizimmerhaus an einem Berghang, mehrere Meilen von der Stadtmitte entfernt. Sie hatten zwei Kinder. Das Mädchen ging zur Schule, und der Junge wohnte ihm Haus eines Engländers, dessen Garten er pflegte.

Vor langer Zeit schon hatte die Frau den äußeren Rahmen ihrer Existenz abgesteckt, indem sie sich als Dienstmädchen in den Häusern der Ungläubigen verdingte. Sie war stark und fröhlich, und die Ungläubigen mochten sie. Sie empfahlen sie an ihre Freunde weiter, so daß sie nie ohne Arbeit war und jeden Tag in mehreren Häusern Dienst tat. Da sie ihren gesamten Verdienst Abdallah aushändigte, gab es für ihn keinen Grund zu arbeiten. Manchmal vermutete er, daß die Ungläubigen ihr mehr bezahlten, als sie behauptete, aber er sagte nichts.

Die Frau war überaus geschickt, wenn es darum ging, Dinge aus den Häusern der Ungläubigen zu entwenden, ohne daß diese es merkten. Früher hatte sie ihrem Mann diese Beutestücke zusammen mit dem Geld ausgehändigt; was sie in der *joteya* einbrachten, war ein willkommener Zusatzverdienst. Da sie aber schon so lange bei den Ungläubigen arbeitete, hatte sie Gefallen an deren Lebensstil gefunden. Sie fing an zu protestieren, wenn Abdallah versuchte, ein Badetuch, ein Bettlaken oder eine ausgefallene Schüssel wegzubringen, denn sie wollte diese Dinge in ihrem Haus behalten. Als er ihr einen kleinen Reisewecker wegnahm, den sie besonders liebte, redete sie nicht mehr mit ihm und ging ihm aus dem Weg. Er war wütend und gekränkt und begann, in dem anderen Zimmer zu schlafen, nachdem er die Tochter ins Bett ihrer Mutter geschickt hatte.

Der stille Krieg zwischen ihnen dauerte noch nicht lange, als Abdallah großes Interesse für Zohra entwikkelte, eine junge Frau, die weiter oben in ihrer Straße wohnte und erst kürzlich von ihrem Ehemann verlassen worden war. Da sie Geld brauchte, war sie überaus empfänglich für Abdallahs Annäherungsversuche, und bald aß und schlief er in ihrem Haus, ohne sich darum zu kümmern, welch gemeinen Klatsch sein Verhalten in der Nachbarschaft provozierte.

Zohra brauchte nicht lange, bis sie dahinterkam, daß Abdallah nichts bezahlen konnte. Da er sein Haus verlassen hatte, konnte er kaum am Ende des Monats zu seiner Frau gehen und sie um Geld bitten. Als sie sah, wie die Dinge standen, dachte Zohra nur noch daran, ihn loszuwerden, und sie tat alles, um ihm das Leben unerträglich zu machen.

Eines frühen Nachmittags stattete er seinem Haus einen Besuch ab, denn er wußte, daß seine Frau zur Arbeit war. Es war ein Freitag; seine Tochter ging an diesem Tag nicht zur Schule. Sie stand im Patio und wusch die Wäsche. Er grüßte sie, doch sie sah kaum zu ihm hin. Ihre Mutter hat ihr Lügen über mich in den Kopf gesetzt, dachte er. Schließlich ging er ins Haus und rief den Namen seiner Frau. Im selben Augenblick fiel sein Blick auf eine durchsichtige Plastiktüte, die in einer

Nische in der Wand steckte. Er trat näher und bemerkte etwas Glänzendes in der Tüte. Ohne weiter hinzusehen, ließ er sie unter seiner Dschellaba verschwinden, rief noch einmal den Namen seiner Frau und kehrte in den Patio zurück.

«Sag deiner Mutter, daß ich hier war», befahl er dem Mädchen. Sie antwortete nicht, und er setzte hinzu: «Hör nicht auf die Nachbarn.»

Sie starrte ihn einen Augenblick vorwurfsvoll an und beugte sich dann wieder über ihre Wäsche.

Er kletterte den Abhang hinauf und setzte sich in den Wald, um in Ruhe den Inhalt der Tüte zu untersuchen. Es waren zwölf Löffel, einer genau wie der andere. Nachdem er sie eine Weile bewundert hatte, packte er sie ein und machte sich auf den Weg in die Stadt, um sie einem Freund zu zeigen, der sich mit solchen Dingen auskannte.

Der Mann versicherte, daß die Suppenlöffel aus reinem Silber seien, und bot ihm siebzigtausend Francs dafür. Abdallah erbat sich Bedenkzeit und sagte, er würde wiederkommen. Von Emsallah begab er sich auf direktem Weg zur *joteya* und übergab das Silber einem *dillal*, der damit einen Rundgang über den Markt machte. Schließlich erreichten die Angebote einhunderttausend Francs, und die Löffel wurden verkauft.

In der Nacht lag er wach und voll angekleidet bei Zohra und umklammerte seine Banknoten. Am frühen Morgen kaufte er zehn Ziegen, allesamt schwarz. Dann mietete er eine Hütte mit einem Schuppen daneben, wo er sie nachts einsperren konnte. Er achtete darauf, ein Stadtviertel zu wählen, das weit entfernt von seinem eigenen lag und das man über eine andere Straße erreichte, denn er glaubte, dadurch die Gefahr einer unerwarteten Begegnung mit Zohra oder seiner Frau zu mindern.

Er fand sein neues Leben angenehm ruhig. Jeden Morgen bei Tagesanbruch ging er mit den Ziegen hinaus, trieb sie über einen Feldweg nach Boubana und dann durch das Tal in Richtung Rehreh. Hier setzte er sich in den Schatten eines zerfallenen Bauernhauses und paßte auf seine Ziegen auf, die auf dem Hügel umherspazierten.

Manchmal nickte er ein und wachte erst nach einer Weile wieder auf. Das war gefährlich: wenn die Ziegen auf ein Stück Ackerfläche vordrangen, konnte er Ärger mit dem Bauern bekommen. Noch entscheidender aber war ein vor kurzem erlassenes Gesetz. Es bestimmte, daß man in Zukunft nicht mehr die Autofahrer verantwortlich machen würde, wenn sie ein Stück Vieh überfuhren, das auf der Straße herumlief. Schlimmer noch: der Besitzer der Herde mußte nun eine empfindliche Strafe für jedes überfahrene Tier bezahlen. Die Menschen auf dem Land waren nicht in der Lage, die Gründe für ein scheinbar so perverses Gesetz zu begreifen, aber sie verstanden, daß es klüger war, ihre Tiere von den Straßen fernzuhalten.

Wenn es sehr heiß war, machte sich Abdallah oft nicht die Mühe, seine Ziegen ins Tal zu treiben, sondern setzte sich auf einem Feld unweit der Straße nach Rmilat unter eine Pinie. Hier war er gezwungen, wach zu bleiben und ein Auge auf die Tiere zu haben, denn es passierte leicht, daß sich das eine oder andere auf die Straße verirrte. Eines schwülen Nachmittags jedoch übermannte ihn ein starkes Bedürfnis, die Augen zu schließen, und obgleich er dagegen ankämpfte, fiel er in tiefen Schlaf.

Er wachte auf, als Bremsen quietschten, schaute hinunter auf die Straße und sah, was geschehen war. Zwei seiner Ziegen waren vor einen Lastwagen gelaufen und lagen tot auf dem Asphalt.

Er sprang auf, trieb die Herde von der Straße weg und eilte zurück, um die toten Tiere in den Graben zu schleifen. Wenn jetzt ein Polizist vorbeikäme, sähe er sofort, daß sie zu seiner Herde gehört hatten, und würde ihn verhaften.

Ein Junge, in dem er den Sohn des Mannes wiedererkannte, der die Hütte neben ihm bewohnte, kam die Straße entlang und schob eine leere Schubkarre vor sich her. Er rief ihn an und zeigte auf die toten Ziegen im Straßengraben.

«Schaff sie für mich weg, hörst du? Mir ist es egal, wo du sie hinbringst, aber meide die Straße. Wenn du mit der leeren Schubkarre wieder hier bist, bekommst du dein Geld.»

Er erklärte dem Jungen nicht, warum er so viel Interesse daran hatte, die Kadaver zu beseitigen, statt sie einfach im Graben liegenzulassen für die Hunde. Wenn der Junge um die Bedeutung seiner Aufgabe wüßte, wäre er mit dem geringen Betrag, den Abdallah ihm zu geben beabsichtigte, nicht zufrieden.

Der Junge zerrte die beiden Ziegen auf seine Schubkarre und bog in einen Pfad ein, der durch das Gestrüpp zum Fluß führte. Es war Sonntag; viele Frauen wuschen an den Ufern des Flusses ihre Wäsche. Die Büsche waren Zelte aus zum Trocknen aufgehängten Laken. Er schob den Karren weiter, bis er auf der Brücke über der Schleuse angelangt war. Auf der einen Seite war das

Wasser tief und dunkel; auf der anderen rieselte nur ein kleines Bächlein über den Grund eines vielfach gewundenen Grabens. Er beschloß, die Ziegen in das tiefe Wasser zu werfen, und krempelte die Ärmel auf.

Im selben Augenblick schrie eine Frau, die am Ufer neben dem Brückenpfeiler stand, zu ihm hinauf. Es sei ihr Land, auf dem er stehe, rief sie, und er solle seine Kadaver woanders hinbringen. Er ließ sie schreien und sah eine Zeitlang zu, wie sie mit den Armen ruderte. Er sagte nichts. Als er bemerkte, daß sich eine Menschenmenge versammelte, spuckte er verächtlich aus, kippte die Schubkarre nach vorn und ließ die Tiere ins Wasser platschen. Die Stimme der Frau erhob sich zu einem Geschrei, als sie ankündigte, sie würde zur Polizei gehen.

«Ich kenne dich!» kreischte sie. «Ich weiß, wo dein Vater wohnt. Du wirst im Gefängnis landen!»

Der Junge würdigte sie keines Blickes, als er die Schubkarre vor sich herschob. Um dorthin zu gelangen, wo Abdallah auf ihn wartete, benutzte er die Straße.

Abdallah sah ihn kommen, ging ihm entgegen, warf einen Blick in die leere Schubkarre und bezahlte ihn in der Annahme, die Ziegen seien irgendwo im Unterholz und Gestrüpp der Flußbiegung versteckt.

Kaum eine Stunde später war die Frau auf der *comisaría*, gestikulierte wild und zeigte den Jungen an. Die Polizeibeamten hörten aufmerksam zu, in der sicheren Gewißheit, Strafgelder kassieren zu können.

Nachdem sie die Ziegen aus dem Wasser gefischt und ins Hinterzimmer der Polizeistation gebracht hatten, führte die Frau sie zum Vater des Jungen.

Der Junge war entrüstet. «Ein tiefes Gewässer ist der beste Platz, sie loszuwerden», protestierte er. «Der Mann hat mich dafür bezahlt, daß ich sie wegschaffe. Fragt ihn.»

Auf dem angrenzenden Stück Land fanden sie Abdallah niedergeschlagen vor seinen acht übriggebliebenen Ziegen sitzen. «Komm mit», sagten die Polizisten. «Wir müssen dir etwas zeigen.» Und sie brachten ihn zur *comisaría*, wo sie ihm die beiden nassen Kadaver vorführten und eine sofortige Zahlung von vierzigtausend Francs forderten.

Abdallah war entsetzt. «Ich habe nicht mal zehntausend», sagte er.

«Das macht nichts», antworteten sie. «Dann nehmen wir dir vier Ziegen weg.»

Abdallah stieß einen Schrei aus. «Wie können zwei Ziegen den Wert von vier haben?» rief er immer wieder. Sie lachten und setzten ihn vor die Tür, doch die Szene hatte solchen Aufruhr verursacht, daß sich vor dem Eingang eine Menschenmenge versammelte, die versuchte, durch die Eingangstür zu spähen. Zohra, die auf der gegenüberliegenden Straßenseite auf einen Bus wartete, erfuhr die Geschichte von anderen, die in der Nähe standen.

Aha, er hat also Ziegen, dachte sie, und als sie mit dem Bus den Hügel hinauffuhr, kam ihr ganzer Groll gegen Abdallah wieder hoch. Er konnte nicht einmal ein Brot bezahlen, aber Ziegen hatte er.

Sie fing an, in der Nachbarschaft zu verbreiten, daß Abdallah Tanger nicht verlassen habe, wie jedermann glaubte, sondern mit einer Herde Ziegen unterhalb von

Vasco da Gama lebe. Sie war sicher, daß es Abdallahs Frau zu Ohren kommen würde, und so geschah es auch.

Abdallahs Frau hatte sich nicht die Mühe gemacht, Anzeige gegen ihn zu erstatten, nachdem er sie und die Kinder verlassen hatte, denn sie wußte, daß es nichts zu holen gab. Jetzt aber beschloß sie, Unterhalt zu beantragen. Wenn Abdallah Ziegen besaß, dann nur wegen ihrer Löffel, davon war sie überzeugt. Man durfte nicht zulassen, daß er sie behielt.

Am folgenden Tag ging sie nicht zur Arbeit bei den Ungläubigen, sondern zur Polizei und erklärte, daß ihr Ehemann sie verlassen habe. Nach langem Warten ließ man sie in ein Büro vor. Während er ein Formular ausfüllte, fragte der Beamte, wo Abdallah arbeite.

«Er arbeitet nicht. Er hat kein Geld.»

Der Mann hob die Arme. «Was sollen wir also deiner Meinung nach tun? Wenn er kein Geld hat, warum bist du dann hergekommen?»

«Er hat Ziegen», sagte sie.

Einige Wochen später erhielt sie ein Schreiben von den Behörden, in dem sie aufgefordert wurde, sich bei der *comisaría* ihres Bezirks zu melden. Dort wurde ihr ein Polizist zugewiesen, und gemeinsam machten sie sich auf den Weg zu der Hütte, wo Abdallah wohnte.

Seit die Polizei ihm die Hälfte seiner Herde weggenommen hatte, machte Abdallah sich nicht mehr die Mühe, die vier restlichen Ziegen auf die Weide zu treiben, wo sie grasen konnten. Er saß nur noch auf der Schwelle seiner Hütte und sah zu, wie die halbverhungerten Tiere in dem kleinen eingezäunten Hof umherwanderten. Hin und wieder brachte er ihnen einen Arm voll Unkraut.

Der Polizist wies die Frau an, auf der Straße zu warten, während er hineinging und die Ziegen holte. Sie spähte durch die Tür und sah die vier knochigen und ausgemergelten Tiere. Der Polizist sprach eine Zeitlang und kam dann durch das Tor. Die Ziegen trieb er vor sich her.

Als er das Tor schloß, warf sie noch einen Blick hinein und sah Abdallah auf der Schwelle seiner Hütte sitzen, das Gesicht in den Händen vergraben. Wenn er nur in diesem Augenblick aufgesehen hätte, dann hätte sie ihm etwas zugerufen, ihm gesagt, daß alles in Ordnung sei und er zu ihr zurückkommen könne. Aber er regte sich nicht. Das Tor schloß sich, versperrte ihr die Sicht, und sie war auf der Straße und ging neben dem Polizisten und den Ziegen her.

Einen Moment bedauerte sie, nicht mit ihm gesprochen zu haben; er hatte so einsam und hoffnungslos ausgesehen. Dann fiel ihr der Schal ein: Drei Tage zuvor war es ihr nach monatelanger Vorbereitung gelungen, sich einen großen, weichen Kaschmirschal zu verschaffen, und sie hatte vor, ihn zu behalten. Sie dachte, daß es doch besser gewesen sei, nichts zu sagen.

In dieser Welt kann man nun mal nicht alles haben, sagte sie sich.

Krungthep Plaza

Es war der Tag, an dem der Präsident der Vereinigten Staaten mit seiner Frau zu einem Besuch des Königs und der Königin erwartet wurde. Während des ganzen vorangegangenen Nachmittags waren Trupps von Männern den Boulevard auf und ab gerannt und hatten schwere Eisengestelle mitgeschleift, die als Barrikaden entlang der Gehwege aufgestellt werden sollten. Mang Huat setzte sich verschwitzt und nervös im Bett auf; er hatte in dieser Nacht kaum geschlafen. Seit man ihn davon unterrichtet hatte, daß der Konvoi vor dem Hotel vorbeikommen würde, hatte er diesem Tag mit wachsendem Schrecken entgegengesehen. Der kleinste Zwischenfall konnte seine Karriere gefährden. Es bedurfte nur eines Verrückten mit einer Handgranate.

Widerwillig zog er die Vorhänge neben seinem Bett beiseite und spähte hinaus in das Licht des unheilverkündenden Tages. Später, nachdem er geduscht hatte, kehrte er ans Fenster zurück und blieb dort lange Zeit stehen. Am Himmel über der Stadt kreisten ununterbrochen Hubschrauber; noch hatte keiner die Türme der höchsten *chedis* gestreift, die sich über den Tempeln erhoben, doch die Menschen in den Straßen sahen jedesmal neugierig auf, wenn ein Helikopter sich laut brummend den Turmspitzen näherte. Zuweilen, wenn ein Streifenwagen durch das Viertel kam, wurde der gesamte Verkehr angehalten, und es breitete sich eine ungewöhnliche, beunruhigende Stille aus, in der er nur das Summen der Insekten in den Bäumen vernahm. Dann folgten andere Lebenszeichen von weiter weg: das Schreien von Kindern und das Bellen von Hunden, doch auch sie beunruhigten ihn, diese nackten Geräusche anstelle des unablässigen Dröhnens der Motoren.

Niemand schien zu wissen, wann die königliche Eskorte vorbeikommen würde. Das Radio hatte sie für zehn Uhr angekündigt, Gerüchte unten in der Lobby jedoch, die angeblich direkt aus dem Hauptquartier der Polizei stammten, setzten den Starttermin auf die Mittagszeit an. Mang Huat beschloß, auf sein Frühstück zu verzichten und überhaupt so lange nichts zu sich zu nehmen, bis die Gefahr vorüber und er von der Spannung befreit war.

Er saß hinter seinem Schreibtisch, tippte mit dem Fingernagel gegen die Spitze eines Eckzahns und betrachtete nachdenklich Miss Pakun an ihrer Schreibmaschine. Die magentafarbenen Seidenvorhänge vor den Fenstern des Büros bauschten sich sacht im Windzug eines kreisenden Ventilators. Sie erzeugten in dem Raum das Halbdunkel eines Boudoirs, in dem Bewegungen oder Haltungen eine eigenartige, ambivalente Bedeutung annehmen konnten. Heute steigerte diese Erscheinung, statt ihn zu stimulieren, nur das Mißtrauen, das er seiner Sekretärin gegenüber fühlte. Sie war außergewöhnlich attraktiv und tüchtig, doch er mußte sich sagen, daß es darum nicht ging. Er hatte sie, wie er meinte, in gutem Glauben eingestellt, war davon ausgegangen, daß die Auskünfte, die sie ihrer Bewerbung beigefügt hatte, der Wahrheit entsprachen. Er hatte sie unter mehreren anderen, ebenso qualifizierten Kandidatinnen ausgewählt, weil sie den Stempel einer gutbürgerlichen Erziehung trug.

Seine zwiespältigen Gefühle Miss Pakun gegenüber datierten aus der vergangenen Woche, als sein Kassierer, Udom mit Namen, ihm erzählte, daß er sie auf einer Straße des unhygienischen und verrufenen Thonburi-Viertels auf der anderen Seite des Flusses gesehen hatte. Udom kannte die Gegend gut: nichts als Elendshütten, Haufen von Abfall, Opiumhäuser und Bordelle. Wenn sie dort drüben lebte, warum hatte sie dann die Adresse in Sukhumvit angegeben? Und wenn nicht, welchen legitimen Grund konnte sie haben, diesen üblen Teil der Stadt aufzusuchen? Er hatte sich sogar gefragt, ob sie wirklich Pakun hieß.

Mang Huat war stolz auf seine Dreizimmersuite im Krungthep Plaza. Mit zweiunddreißig war er Manager des Hotels, und das erfüllte ihn mit Genugtuung. Durch ein kleines Fenster in der Wand seines Salons konnte er, wenn er wollte, in die Lobby hinunterschauen und fast jeden Winkel überblicken. Er gebrauchte es nie. Es genügte, daß die Angestellten von dieser Möglichkeit wußten.

Von seinem Platz aus hörte er das Plätschern des Springbrunnens im Nebenzimmer. Es war das Geschenk eines Freundes, der vor kurzem nach Hongkong übersiedelt war, und Mang Huat hatte eine beträchtliche Summe Geldes aufgebracht, um ihn installieren zu lassen. Miss Pakun hustete, wahrscheinlich wollte sie ihn daran erinnern, daß er rauchte. Sie hustete immer, wenn er rauchte. In der ersten Zeit, als sie bei ihm arbeitete, hatte er die Zigarette gelegentlich ausgedrückt. Heute kümmerte ihn der Zustand ihres Halses wenig. Und es war ihm auch egal, dachte er, ob sie im eleganten Sukhumvit oder in den Slums von Thonburi wohnte. Er hatte nicht mehr die Absicht, ein Verhältnis mit ihr anzufangen.

Am späten Vormittag klopfte Udom an seine Tür. Er war ein Freund aus der Studentenzeit, der Pech gehabt und im Hotel um Arbeit nachgesucht hatte. Mang Huat, überzeugt, daß es unrealistisch sei, bei einem Menschen mehr als eine einzige herausragende Fähigkeit zu erwarten, hatte ihm den Posten des Kassierers übertragen, denn Udom war zwar unzuverlässig, aber ehrlich.

Seit der Partner seines Onkels ihm diese hohe Stellung verschafft hatte, fühlte Mang Huat das Glück, vor der Außenwelt geschützt zu sein. Heute wurde dieser köstliche Seelenfriede zum ersten Mal bedroht. Es war absurd, das wußte er; die Wahrscheinlichkeit eines Zwischenfalls war gering, doch jede Situation, die außerhalb seiner Machtsphäre lag, flößte ihm eine merkwürdige Angst ein.

Udom kam zum Schreibtisch und murmelte düster, daß unten amerikanische Sicherheitsbeamte seien und den Hauptschlüssel für die Zimmer verlangten. «Ich habe ihnen gesagt, daß ich mit dir sprechen müßte», fuhr er fort. «Es besteht keinerlei Verpflichtung, verstehst du. Nur die Schlüssel zu bestimmten Räumen, falls sie danach fragen.»

«Das weiß ich», antwortete Mang Huat. «Gib ihnen den Hauptschlüssel.»

«Die Gäste werden sich beschweren.»

Mang Huat warf ärgerlich den Kopf zurück. «Was macht das schon? Gib ihnen die Schlüssel, die sie haben wollen. Aber paß auf, daß sie dir alle wiedergeben.»

Es empörte ihn, daß jemand zögern konnte, diesen zusätzlichen Schutz anzunehmen, aber Udom schaffte es immer, die Dinge zu komplizieren oder absurde Gegenpositionen einzunehmen. Mang Huat hatte den Verdacht, daß er nicht ganz aus der marxistischen Phase seiner Jugend herausgewachsen war, und manchmal fragte er sich, ob es klug gewesen war, ihn einzustellen.

Der nagende Hunger verstärkte seine Nervosität. Es war fünf vor halb zwei. Miss Pakun war noch nicht vom Lunch zurück. Plötzlich fiel ihm auf, daß ein neues Geräusch die Atmosphäre draußen erfüllte und schon seit einiger Zeit zu hören war. Er trat ans Fenster. Die großen Staatslimousinen glitten vorbei, mit erstaunlicher Geschwindigkeit. Sein Blick erhaschte die beiden weißen Bentleys des Palastes, umringt von ihrer Motorradeskorte. Er hielt den Atem an, bis sie vorüber waren. Und selbst dann lauschte er noch eine Minute, bevor er zum Telefon griff und seinen Lunch bestellte.

Am späten Nachmittag rief der Empfangschef in seinem Büro an, um ihm mitzuteilen, daß ein Gast ihn sprechen wolle. Mit einem Mal war die Bedrohung wieder da. «Ich kann niemanden empfangen», sagte er und legte auf.

Fünf Minuten später war Udom am Telefon. «Ich hatte so etwas befürchtet», sagte er. «Ein Engländer beschwert sich, weil die Polizei sein Zimmer durchsucht hat.»

«Sag ihm, ich sei nicht in meinem Büro», sagte Mang Huat. Und zu Miss Pakun: «Stellen Sie keine Gespräche durch. Haben Sie verstanden?»

Urplötzlich war die Dämmerung hereingebrochen, verursacht durch eine große schwarze Wolke, die den Himmel verdunkelte. Er dachte kurz daran, daß er Miss Pakun schon jetzt nach Hause schicken könnte, ehe es anfing zu regnen. Er stand am Fenster und starrte hinaus. Die Stadt funkelte im Schein von Millionen zusätzlichen Lichtern; sie hingen in den Zweigen der Bäume am anderen Ufer des Kanals und bildeten phantastische Muster. Über der Brückenauffahrt hatte man einen Triumphbogen errichtet, der ein zehn Meter hohes Porträt des amerikanischen Präsidenten trug, mit einem passenden Willkommensgruß in Englisch und Thai darunter. Dieser Bogen schwamm nun im roten und blauen Licht zahlloser Scheinwerfer.

Im Vorzimmer läutete es. Miss Pakun öffnete, und ein Page in violetter Uniform trat mit einer Nachricht auf einem Tablett ins Büro. Er hat Pocken gehabt, dachte Mang Huat. Wer kann ihn eingestellt haben? Er kritzelte eine Notiz auf den Schreibblock, den Jungen am nächsten Morgen zu entlassen, und nahm die Nachricht entgegen. Udom hatte geschrieben: *Der Mann ist in der Bar und fordert die Gäste auf, eine Petition zu unterzeichnen. Ich glaube, Du solltest ihn empfangen.*

Mang Huat überflog den Zettel ungläubig ein zweites Mal. Dann schlug er kräftig mit der Faust auf den Tisch, und Miss Pakun sah auf. Da er verärgert war, ermahnte er sich, vor allem Haltung zu bewahren. Bei solchen Querulanten war es entscheidend, Härte zu zeigen und sich nicht in eine Diskussion, geschweige denn einen Streit hineinziehen zu lassen.

Es läutete. «Sagen Sie ihm, daß ich in fünf Minuten Zeit für ihn habe», sagte er Miss Pakun.

Es kam nicht mehr in Frage, sie nach Hause zu schikken, ehe der Sturm losbrach. Sie würde ganz einfach ihre Schuhe ausziehen, wie alle anderen in dem verwahrlosten Viertel, in dem sie zweifellos lebte, und barfuß durch Pfützen und Rinnsale zum Ende der Gasse waten müssen, wo das Taxi nicht hinkam. Kurz darauf trat sie herein, setzte sich, fuhr sich übers Haar und strich den Rock glatt. In diesem Augenblick mußte unten ein Streifenwagen vorbeigekommen sein, denn es war plötzlich verdächtig still draußen. Während Miss Pakun sorgfältig ihr Make-up erneuerte, saß er in der Stille und hörte einen Gecko unter der Klimaanlage rufen; die zaghaften Laute durchdrangen das leise Surren des Motors. Und die Insekten in den Bäumen summten noch immer. Es tat ihm leid, eine Zeit festgesetzt zu haben. Die fünf Minuten Stille kamen ihm vor wie zwanzig. Als die Zeit um war, erhob sich Miss Pakun, strahlend, und wandte sich zum Gehen. Mang Huat hielt sie auf.

«Nicht tippen, bitte, solange der Mann hier ist», sagte er scharf. «Nur Steno. Sie machen das schon.» (Ihr Gesichtsausdruck hatte sich verändert.) «Das ist ein Agitator», betonte er. «Wir müssen ein Protokoll haben von allem, was er sagt.»

Miss Pakun wurde immer ängstlich und verwies auf ihre mangelhaften Englischkenntnisse, wenn er sie bat, eine Unterhaltung in dieser Sprache mitzuschreiben. Das Resultat konnte sich im allgemeinen jedoch sehen lassen.

Mang Huats Gesicht verdüsterte sich. «Schreiben Sie jedes Wort mit Vielleicht bedroht er mich.»

Ein Besucher trat ein, gefolgt von Miss Pakun. Er war jung und sah aus wie ein Student. Mit knappem Lächeln nahm er in einem Sessel gegenüber von Mang Huat Platz und sagte: «Vielen Dank, daß Sie mich empfangen.»

Mang Huat interpretierte die Bemerkung als Sarkasmus. «Sie wollen sich beschweren?»

«Sehen Sie», begann der junge Mann, «ich versuche gerade, mein Touristenvisum verlängert zu bekommen, ohne das Land verlassen zu müssen.»

Mang Huat schlug heftig mit der flachen Hand auf den Tisch. «Irgend jemand hat einen Fehler gemacht. Sie wollen zur Einwanderungsbehörde. Meine Sekretärin wird Ihnen die Adresse geben.»

Der junge Mann erhob die Stimme. «Ich wollte Ihnen den Grund meiner Beschwerde erklären. Aber ich werde mich kurz fassen. Es ist ein Affront Ihren Gästen gegenüber, den Amerikanern Zutritt zu den Zimmern zu gestatten.»

«Ah! Da sollten Sie sich besser bei der thailändischen Polizei beschweren», schlug Mang Huat vor, während er aufstand, um anzudeuten, daß das Gespräch beendet war. «Meine Sekretärin kann Ihnen auch diese Adresse geben.»

Einen Augenblick starrte ihn der junge Engländer voller Abscheu an. «Sie sind der perfekte Manager für diesen elenden Laden», murmelte er. Als er bemerkte, daß Miss Pakun aufgestanden war und ihm die Tür aufhielt, erhob er sich, schritt hinaus und tat sein Bestes, um die Tür des Vorzimmers heftig zuzuschlagen. Diese aber, gewappnet gegen solch rauhe Behandlung, gab nur ihr übliches gedämpftes Zischen von sich. In diesem Augenblick entlockte das Geräusch, das für ihn den Inbegriff des Luxus darstellte, Mang Huat einen Seufzer reinen, sinnlichen Wohlgefühls.

«Das wäre alles», sagte er, an Miss Pakun gewandt. Sie griff nach ihrer Handtasche, schenkte ihm für den Bruchteil einer Sekunde ihr verführerischstes Lächeln und zog die Tür hinter sich zu.

Jetzt war es Nacht, und der Regen fiel in Strömen. Miss Pakun wird ziemlich naß werden, dachte er, wobei ein Hauch von Mitleid seine tiefe Befriedigung würzte. Er ging ins Nebenzimmer und legte sich ein paar Minuten auf den Diwan, um fernzusehen. Dann stand er auf. Es war Zeit für seinen allabendlichen Ausflug in die Küche, wo er nach Inspektion der Speisen sein Dinner bestellen würde. Er zündete eine Zigarette an und fuhr mit dem Aufzug in die Halle.

Vor der Rezeption runzelte er mißbilligend die Stirn beim Anblick einiger Flecken auf dem Teppich, die von nassen Gepäckstücken stammten. Im gleichen Augenblick warf er einen Blick auf die überfüllte Lobby und sah zufällig Miss Pakun in Begleitung des jungen Engländers aus der Bar kommen. Die beiden gingen geradewegs auf die Straße hinaus. Als Mang Huat, der seinen Schritt nicht beschleunigte, endlich die Tür erreicht hatte, stiegen sie gerade in ein Taxi. Er trat hinaus, blieb unter der Markise stehen und sah zu, wie das Taxi im Regen verschwand.

Auf dem Weg zur Küche blieb er am Pult des Kassierers stehen und erzählte Udom, was er soeben gesehen hatte. Außerdem wies er ihn an, Miss Pakun am nächsten Morgen auszuzahlen und ihr keinesfalls den Zutritt zu seinem Büro zu gestatten.

«Eine Prostituierte», sagte er verbittert und entrüstet. «Eine gewöhnliche Prostituierte, getarnt als intelligentes, wohlerzogenes Mädchen.»

Das leere Amulett

Habibas Vater, der Portier im größten Hotel der Stadt war, ermöglichte seiner Familie ein angenehmes Leben, doch er war außergewöhnlich streng. Einige von Habibas gleichaltrigen Freundinnen hatten die Schule besucht und sogar ihre Prüfungen bestanden, so daß sie Sekretärinnen, Buchhalterinnen und Zahnarzthelferinnen werden konnten. Ihr Vater jedoch fand all das höchst unmoralisch und wollte nicht, daß Habiba die Schule besuchte. Statt dessen lernte sie an modernen deutschen Maschinen, die ihr Vater ihr gekauft hatte, sticken und stricken.

Als Moumen, ein junger Mann aus der Nachbarschaft, zu ihm kam und um Habibas Hand anhielt, willigte der Vater ein, denn er wußte, daß der junge Mann Assistenzarzt am nahe gelegenen Hospital war und also eine sichere Stellung hatte. Habiba wurde nicht gefragt. Sie war froh, dem elterlichen Haus und dem ewigen Sticken zu entkommen.

Da Moumen ein junger Mann mit modernen Ansichten war, sperrte er seine Frau nicht im Haus ein, wenn er zur Arbeit ging. Im Gegenteil: er drängte sie, die jungen verheirateten Frauen der Nachbarschaft kennenzulernen. Bald gehörte sie einer Gruppe an, deren Mitglieder sich jeden Tag trafen, reihum bei jeder der Frauen.

Habiba brauchte nicht lange, um herauszufinden, daß sich die Gespräche dieser Frauen hauptsächlich um ihren Gesundheitszustand drehten. Jede von ihnen behauptete, sie leide unter irgendwelchen Krankheiten oder Beschwerden. Dies beschämte Habiba; da sie sich stets einer vortrefflichen Gesundheit erfreut hatte, konnte sie nur dasitzen und zuhören, wenn das Thema zur Sprache kam.

Eine Tages wachte sie mit Kopfschmerzen auf. Als an diesem Vormittag ihre Freundinnen erschienen, um sie zu besuchen, klagte sie über die Schmerzen. Mit einem Schlag rückte sie in den Mittelpunkt der Aufmerksamkeit. Am nächsten Tag, als sie sich nach ihrem Befinden erkundigten, erzählte sie ihnen, daß sie noch immer Schmerzen habe. Und in der Tat, wenn sie darüber nachdachte, kam es ihr vor, als spürte sie ein gelegentliches Pochen im Kopf. Jede Frau hatte ein anderes Heilmittel parat, doch alle stimmten darin überein, daß ein Besuch am Grabmal von Sidi Larbi am sichersten Linderung verspräche.

Es gab noch drei weitere Frauen in der Gruppe, die begierig waren, die Pilgerfahrt zu unternehmen. Folglich brachen Habiba und sie einige Tage später in einem großen Taxi zum Grab von Sidi Larbi auf. Sie hatten ein Picknick eingepackt. Habiba spülte es, auf den Rat der Frauen hin, mit einem Glas Wasser hinunter, das einen großen Klumpen schwarzer Erde aus der unmittelbaren Nähe des Mausoleums enthielt. Jede von ihnen packte einen Haufen dieses Drecks ein, um ihn zum weiteren Gebrauch mit nach Hause zu nehmen. Am Ende dieses Tages an der frischen Luft verspürte Habiba nicht den geringsten Anflug von Kopfschmerzen. «Trink die Erde fünf Abende hintereinander», sagten sie.

Als sie nach Hause kam, versteckte sie das Päckchen

mit der Erde, denn sie wußte, daß Moumen die marokkanische Medizin mißbilligte. Seine Einwände dagegen waren so heftig, daß sie vermutete, er habe Angst davor – so, wie sie Angst hatte, das Krankenhaus zu betreten, in dem er arbeitete. Die betäubenden Gerüche der Arzneien, die Behälter mit blutigen Bandagen, die schimmernden Injektionsnadeln, all das erfüllte sie mit Schrekken.

Selten verging eine Woche, ohne daß eine der jungen Frauen unter ihren Freundinnen eine Pilgerfahrt zum Grabmal von Sidi Hussein oder Sidi Larbi oder zu einer anderen nicht allzu weit entfernten heiligen Stätte unternahm. Moumen kam es vor, als sei Habiba ständig zu dem einen oder anderen Heiligen unterwegs; entweder hatte sie Rückenschmerzen oder Krämpfe oder einen steifen Nacken. Welches Leiden sie auch nannte, es gab immer einen Heiligen, der es kurieren konnte.

Eines Abends kam Moumen unerwartet in die Küche, als Habiba gerade etwas Erde in einem Glas Wasser verrührte.

«Habiba, das kannst du doch nicht machen!» rief er. «So etwas taten die Leute vor hundert Jahren!»

«Und vor zweihundert und vor fünfhundert», gab sie zurück, den Blick auf das Glas geheftet.

«Du bist eine Barbarin! Mir wird übel bei deinem Anblick!»

Habiba ließ sich nicht beirren. Sie wußte, daß er die Pillen und Spritzen der Ungläubigen der *baraka* der Heiligen vorzog. Das hatte nichts mit ihr zu tun, sagte sie sich; sie würde sich nicht von ihm beeinflussen lassen.

«Ich habe Schmerzen in der Seite», sagte sie. «Rahma

hatte das gleiche, und die Erde von Sidi Yamani hat sie binnen vierundzwanzig Stunden geheilt.»

«Wenn du morgen früh ins Krankenhaus kommst, gebe ich dir ein paar Pillen», sagte er, in der Absicht, ihr dort gezuckerte Pastillen zu geben, die keinerlei Wirkstoff enthielten, da er wußte, daß sie vollkommen gesund war.

«Das ist meine Medizin», sagte sie und schwenkte das Glas, um die Erde aufzulösen.

Es kostete ihn große Anstrengung, es ihr nicht aus der Hand zu schlagen. Er schüttelte den Kopf. «Ein hübsches Mädchen wie du, und schluckt einen solchen Dreck!»

Habiba lehnte sich an die Spüle und leerte in aller Ruhe das Glas.

An dem Tag, als Moumen erfuhr, daß Habiba ein Kind erwartete, saß er lange in einem Café und versuchte eine Möglichkeit zu finden, sie von weiteren Pilgerfahrten abzuhalten. Irgendwann sah er auf und bemerkte auf dem Nebentisch ein Päckchen Zigarettenpapier, das jemand vergessen hatte. Er griff danach. Gedankenverloren zog er zwei Blättchen Reispapier heraus und zerknüllte sie zwischen den Fingern. Als er die winzigen Papierkugeln sah, kam ihm eine Idee.

Er bezahlte den *qahouaji*, steckte das Päckchen mit dem Zigarettenpapier ein und machte sich auf den Weg in die Medina, um einen Freund aufzusuchen, der als Goldschmied arbeitete. Er beauftragte ihn, eine kleine goldene Brosche anzufertigen, gerade groß genug, um einer *baraka* Platz zu bieten. Während sie noch über Größe und Preis des Schmuckstücks verhandelten, griff Moumen verstohlen in die Tasche und zog zwei Zigarettenpapierkügelchen heraus, die er zu einer kleinen Kugel zusammenrollte. Als sie sich einig waren, bat er den Goldschmied um etwas Seidenfaden und wickelte ein Stück davon um das Papierkügelchen.

«Hier ist die *baraka*», sagte er zu dem Mann, der es in einen Umschlag steckte, auf den Moumen seinen Namen schrieb. Er versprach, Halskette und Amulett am nächsten Nachmittag fertig zu haben.

Die kleine goldene Brosche an der schmalen Kette war ein hübscher Halsschmuck. Als er sie nach Hause brachte und Habiba um den Hals legte, sagte er: «Diese *baraka* stammt von einem *fqih*. Sie soll das Baby beschützen.»

Er war ein wenig beschämt, aber sehr erleichtert, als er sah, wieviel ihr das Geschenk bedeutete. In den folgenden Monaten, als man eigentlich erwarten mußte, daß sie sich nicht besonders wohl fühlte, war sie ausgeglichen und glücklich. Den Freundinnen sagte sie, ihr Mann wolle nicht, daß sie im Taxi über Feldwege holpere, denn es könnte dem Kind schaden, und sie nickten verständnisvoll mit dem Kopf. «Und außerdem», sagte Habiba, «brauche ich es nicht mehr.»

«Hamdoul'lah», sagten sie.

Das Kind wurde geboren: ein kräftiges kleines Geschöpf, das eine von Krankheiten freie Kindheit verlebte. Habiba selbst strotzte vor Gesundheit; seit dem Tag, an dem sie angefangen hatte, die Brosche über dem Herzen zu tragen, hatte sie nie wieder über irgendwelche Symptome geklagt. Es war ein Besitz, den sie höher schätzte als alles andere. Die Zeit der Pilgerfahrten und des Erdetrinkens war längst vorbei; Moumen war sehr zufrieden mit sich, weil er eine so einfache Lösung für ein schwieriges Problem gefunden hatte.

Eines Nachmittags im Sommer, als Habiba von ihrer Siesta aufstand, nahm sie die Kette vom Tisch, um sie umzulegen, denn sie wollte nicht ohne sie sein. Aus irgendeinem Grund riß sie jedoch, und der Anhänger fiel zu Boden und rollte aus ihrem Blickfeld. Als Habiba im ganzen Zimmer danach suchte, spürte sie plötzlich ein leichtes Knirschen unter dem Fuß und erkannte, daß sie auf das Amulett getreten war. Der Deckel war aufgesprungen und das Papierkügelchen herausgefallen. Sie sammelte die Teile des zerbrochenen Anhängers ein und auch die *baraka*, die sie enthalten hatte. Der Seidenfaden ging auf, und die Zigarettenpapierchen entfalteten sich.

Habiba strich beide glatt. Auf keinem der beiden Blättchen stand etwas geschrieben. Sie hielt sie gegen das Licht und erkannte die Wasserzeichen; nun begriff sie, worum es sich handelte. Lange saß sie reglos da, während das Gefühl von Verletztheit langsam in Wut auf Moumen umschlug, denn er hatte sie betrogen – und so lange Zeit. Als Moumen an diesem Abend nach Hause kam und ihr Gesicht sah, wußte er, daß die Stunde der Abrechnung gekommen war. Habiba schrie, weinte, war beleidigt und sagte, sie würde ihm nie wieder glauben, solange sie lebe.

Mehrere Tage lang sprach sie nicht mit Moumen; als sie es dann eines Morgens wieder tat, so nur, um ihm mitzuteilen, daß ihr schwindelig sei und sie Bauchschmerzen habe. Zu seinem Kummer sah er, daß sie zum ersten Mal wirklich krank war.

«Dank deiner Lügen war ich die ganze Zeit ohne *baraka*», sagte sie bitter.

«Ja, aber du warst auch die ganze Zeit gesund», erinnerte er sie.

«Und deshalb bin ich jetzt krank», schrie sie. «Es ist deine Schuld!»

Moumen machte nicht den Versuch zu antworten; er hatte erkannt, wie nutzlos es war, zu erwarten, daß sie einem logischen Gedankengang folgte.

Noch vor Ablauf der Woche war Habiba mit zwei ihrer Freundinnen auf dem Weg zu Sidi Larbi. Von da an hörte Moumen nur noch einen unaufhörlichen Strom von Klagen, der erst an dem Tag verebbte, an dem sie sich scheiden ließen.

Bouayad und das Geld

In etwa einem Monat sollte der Aid el Kebir stattfinden.

«Jedes Jahr kosten die Schafe mehr», sagte Bouayad zu seinem Freund Chaouni. «Dieses Jahr werden sie teurer sein als je zuvor. Warum kaufen wir nicht zwanzig und teilen die Kosten? Wenn der Feiertag kommt, teilen wir den Gewinn.»

Chaouni hatte immer etwas auf der hohen Kante. Er willigte ein. Sie fuhren hinaus nach Sidi Yamani und kauften die Tiere zu einem guten Preis von einem Freund von Bouayad. Dann mieteten sie einen Lastwagen, um sie nach Tanger zu transportieren. Sie sperrten die Tiere in einen Stall neben Bouayads Haus und trieben sie jeden Tag gemeinsam auf die Weide. Die Schafe mußten vor dem Aid schön dick werden.

Eines Tages kamen einige Soldaten an der Wiese vorbei, wo Bouayad und Chaouni saßen und ihre Schafe hüteten. Der Colonel blieb stehen und sah die Tiere an. Dann kam er zu Bouayad und fragte, ob er sie verkaufen wolle.

«Vielleicht», sagte Bouayad.

Der Preis, den der Colonel nannte, war genauso hoch wie der, den sie auf dem Markt hatten fordern wollen. Beide hielten es für eine gute Idee, sie alle auf einmal zu verkaufen und sich die Mühe zu sparen, sie jeden Tag auf die Weide zu treiben. Der Colonel sagte, sie sollten am nächsten Morgen zu seinem Büro in der *qachla* kommen, wo er ihnen das Geld geben würde. Da er überall bekannt war, zweifelten sie nicht an seinem Wort. Die Soldaten trieben die Schafe vor sich her, und Bouayad und Chaouni blieben allein auf der Wiese zurück.

Am nächsten Tag, als Bouayad zur *qachla* kam, erfuhr er, daß der Colonel nach Rabat gerufen worden war. Aufgrund dieser Nachricht beschloß Chaouni, am folgenden Tag selbst hinzugehen. Der Colonel war noch immer in Rabat. Sie wechselten sich ab mit ihren Gängen zur *qachla*.

So ging es mehrere Wochen. Schließlich hörten sie, daß der Colonel wieder in Tanger war. Als sie jetzt hingingen, war er nicht im Büro. Sie waren überzeugt, daß der Colonel nicht daran dachte, sie zu bezahlen.

Bouayad gehörte zu der Art von Männern, die sich nicht damit abfinden können, verloren zu haben. Er ging zu Chaouni und sagte: «Stehst du zu mir? Was auch passiert? Entweder wir bekommen das Geld, oder wir machen ihn fertig. Was meinst du?»

«Nein», sagte Chaouni. «Ich habe Frau und Kinder, an die ich denken muß.»

«Dann verzichtest du auf all das Geld?»

«Es ist verloren. Es tut mir leid, daß ich je auf dich gehört habe.»

«Das heißt also, was immer ich bekomme, gehört mir», sagte Bouayad.

«Ja, aber der Ärger gehört auch dir. Du kannst von Glück reden, wenn du am Leben bleibst.»

«Das liegt in Allahs Hand. Entweder ich bekomme das Geld, oder du siehst mich nie wieder.»

Er ging zum Amalat und versuchte den Sekretär des

Gouverneurs zu sprechen. Die Wachen verwehrten ihm den Zutritt. Doch in diesem Augenblick lächelte Bouayad zum ersten Mal das Glück. Während er mit den Wachen vor der Tür des Büros stritt, kam ein Mann vorbei und blieb stehen, um zuzuhören. Dann sprach er Bouayad an. Sie gingen hinaus, und Bouayad erzählte ihm seine Geschichte. Der Mann sagte: «Ich kann dir helfen. Geh morgen früh zum Palast des Königs in Sidi Amar.»

Bouayad sah nicht, welche Beziehung der Mann zum Palast haben könnte, doch er traute ihm, denn er hatte ein ehrliches Gesicht. Am nächsten Morgen ging er hinauf nach Sidi Amar und trat durch das offene Tor. Im gleichen Augenblick wurde er von Soldaten umringt. Sie fragten ihn immer wieder, wie er dazu komme, den Palast zu betreten. Er versuchte ihnen von den Schafen zu erzählen und von der Verabredung, die er tags zuvor beim Amalat gemacht hatte, aber sie hörten nicht auf, ihn hin und her zu schubsen.

Zu diesem Zeitpunkt wuchs Bouayads Glück ins Unermeßliche. Der König verbringt kaum einen Tag im Jahr in Tanger, doch am Vortag war er aus Rabat gekommen. Er befand sich nicht in der Residenz, sondern sogar im Garten unweit des Tores und bemerkte den Tumult. Er befahl den Soldaten, Bouayad loszulassen, damit er näher treten und seinen Fall vorbringen könne.

Der König hörte zu, bis er mit seiner Geschichte zu Ende war. Dann befahl er Bouayad zu warten und ging in den Palast. Während Bouayad im Garten stand, kam ein Mann in der Uniform der königlichen Garde vorbei und lächelte. Er erkannte in ihm denjenigen, der ihm gesagt hatte, er solle sich zum Palast begeben. Später brachte ein Diener einen vom König unterschriebenen Brief und erklärte, er solle nach Tetuan fahren und ihn dort dem Beamten übergeben, dessen Name auf dem Umschlag stand.

Bouayad machte nicht einmal zu Hause halt, um etwas zu essen. Er eilte geradewegs zur Avenida de España, teilte sich mit drei anderen ein Taxi und fuhr nach Tetuan.

Wieder wollte man ihn nicht vorlassen. Und er vertraute niemandem genug, um seinen Brief zu zeigen. Er wartete mehrere Stunden und bestand hartnäckig darauf, daß er eine streng geheime Nachricht habe, die er nur dem Beamten persönlich übergeben könne. Schließlich ließen sie ihn hinein.

Der Beamte nahm den Brief und las ihn. Dann trat er einen Moment ins Nebenzimmer und kehrte mit der gesamten Summe in bar zurück. Bouayad bedankte sich.

In Hochstimmung fuhr er nach Tanger zurück. Nach seiner Familie erzählte er es als erstes Chaouni.

«Ich bin wieder da», sagte er, «das heißt, daß ich das Geld bekommen habe.»

«Das ganze Geld?» Chaouni konnte es kaum glauben.

«Genau.»

Chaouni sagte nichts. Am nächsten Tag suchte er Bouayad auf. «Ich habe nachgedacht. Es ist auch mein Geld.»

«Dein Geld? Du hast darauf verzichtet. Oder hast du das vergessen?»

Chaouni ging nach Hause. Wenig später strengte er ein Gerichtsverfahren gegen Bouayad an und forderte nicht nur seinen Anteil, sondern auch den von Bouayad. Nach der Verhandlung durfte Bouayad seinen Anteil behalten. Chaouni wurde auferlegt, von der anderen Hälfte die hohen Anwaltskosten und Bouayads Fahrtkosten nach Tetuan und zurück zu übernehmen.

Gerüchte und eine Leiter

Monsieur Ducros saß allein in seinem geräumigen Hotelzimmer in Paris und traf Anstalten, einen Brief an seine Tochter in Kuala Lumpur zu schreiben. Beim Anblick des hoteleigenen Briefpapiers, das lediglich bedruckt statt wie früher geprägt war, runzelte er die Stirn. Ein Symbol unserer Zeit, dachte er automatisch. Das allmähliche Vordringen der Armut auf allen Seiten. Dann warf er einen Blick auf den Gipsverband, der sein Bein umschloß, lächelte flüchtig und begann zu schreiben.

Liebe Clothilde,
ich hoffe, mein ungewohntes Schweigen hat Dich nicht beunruhigt. Normalerweise bin ich ein regelmäßiger Briefschreiber, das mußt Du zugeben. Ich kann mir nicht vorstellen, daß sich Kuala Lumpur seit 1965 sehr verändert hat. Wie Du weißt, war es mein letzter Posten. Es freut mich sehr zu hören, daß Abd er Rahman und seine Frau noch da sind – man kann nie wissen. Ich habe meinen fünfundachtzigsten Geburtstag ruhig in Tanger verbracht. Was ich mit «ruhig» meine, sollst Du gleich erfahren.

Es liegt eine unglaubliche Ironie in bestimmten Situationen, mit der das Leben uns immer wieder konfrontiert. Was hatte er an einem Sonntagmorgen ganz oben auf einer Trittleiter in der Bibliothek zu tun, wirst Du

Dich fragen. Dieselbe Frage habe ich mir auch gestellt, allerdings zu spät.

Als ich spürte, wie die Leiter ins Wanken geriet (denn so fing alles an), und merkte, daß ich fallen würde, schossen mir mehrere Dinge gleichzeitig durch den Kopf: daß noch nichts beendet war; daß ich ein Idiot gewesen war, auf diese Leiter zu klettern; daß die Leute glauben würden, ich hätte getrunken oder sei Opfer eines Überfalls geworden (zwei für den postumen Ruf eines Bürgers dieser schändlichen Stadt, in der, wie Du weißt, jeder schlecht über den anderen denkt, gleichermaßen niederschmetternde Urteile); vor allem aber die Überzeugung, daß alles schiefgehen würde, so daß Ihr, Du und Pierrot, aus irgendeinem Grund außerstande wäret, El Hafa zu erben. Denn, mein Liebes, ich war überzeugt, daß dies das Ende sei. Während des Sturzes verfing sich mein Bein in der Leiter, dann krachte es, und da lag ich, mit schmerzendem Schädel und der sicheren Gewißheit, daß ich mir oberhalb des Knies eine Fraktur zugezogen hatte. Glücklicherweise war der große Chichachoua-Teppich da, sonst wäre ich auf dem Marmor gelandet. Ich rief immer wieder nach Annamaria. Als sie schließlich auftauchte, behauptete sie, der Wind habe so stark an den Fensterläden gerüttelt, daß sie mich nicht gleich hörte. Es stimmt, daß ihr Fenster nach Nordosten geht und draußen ein heftiger Wind wehte. Trotzdem ...

Ich befahl ihr, Abdeslam zu Fuß in Dr. Rinaldis Klinik zu schicken. (Das Telefon war schon seit mehr als drei Wochen außer Betrieb.) Rinaldi kam. Der Oberschenkelknochen war gebrochen. Rinaldi sah die Trittleiter neben dem Bücherregal und warf mir einen vor-

wurfsvollen Blick zu. Ab ging's in die Klinik; ich verbrachte eine Ewigkeit, wie es mir schien, im Streckverband. In Wirklichkeit waren es weniger als anderthalb Monate . . .

II

«Es ist unumgänglich, daß ich nach Paris fahre», sagte Monsieur Ducros und betrachtete sein Bein, das noch immer im Gipsverband steckte. «Mit dem Stock komme ich jetzt ganz gut zurecht, wie Sie sehen.»

Dr. Rinaldi zuckte die Achseln. «Bislang haben Sie ziemliches Glück gehabt», sagte er. «Warum sollte sich daran etwas ändern?»

Sie saßen in der Bibliothek, in der der Unfall sich ereignet hatte, und tranken Whisky. Nach einigem Zögern fragte Dr. Rinaldi seinen Gastgeber, ob an dem Gerücht, daß er vorhabe, El Hafa zu verkaufen, etwas dran sei.

Monsieur Ducros fuhr auf. «Was für ein Unsinn! Gewiß nicht! Ich denke nicht im geringsten daran zu verkaufen. Ich weiß, dieser Saudi ist interessiert und sein Angebot wahrscheinlich überaus großzügig. Doch ich möchte, daß meine Tochter und ihr Mann nach meinem Tod das Haus übernehmen. Ich habe, seit ich in den Ruhestand getreten bin, immer in diesem Haus gelebt; alles, was ich auf dieser Welt besitze, befindet sich hier.»

Dr. Rinaldi sah sich anerkennend im Zimmer um. «Es steckt voller Schätze, in der Tat. Erstaunlich, welche Harmonie Japan, Tibet, Khmer und Persien in einem Raum miteinander bilden können.»

«Eigentlich nicht, wenn Sie es recht bedenken», antwortete Monsieur Ducros, ohne näher darauf einzugehen. «Die Sache ist, ich will mich von nichts trennen. Sie verstehen. Mit all diesen Dingen um mich herum habe ich das Gefühl, ich sei noch immer im Fernen Osten. Ich genieße mein einfaches Leben und kann Ihnen versichern, daß ich nicht daran denke, es zu zerstören, indem ich El Hafa verkaufe.»

«Da ist noch etwas, was ich gerne wissen würde», sagte Dr. Rinaldi nach einem Augenblick. «Diese Gemälde am Ende der Halle. Ich habe sie natürlich bemerkt.»

Monsieur Ducros lachte in sich hinein. «Ja, es ist ein Mißton, ich weiß. Aber sie fallen kaum auf. Ich halte den hinteren Teil ziemlich dunkel, mit Absicht. Madame Ducros kaufte diese Sachen kurz nach dem Ersten Weltkrieg. Mir sagen sie nicht viel, um ehrlich zu sein. Man hat mir berichtet, sie hätten einen gewissen Wert, aber das nehme ich nicht besonders ernst. Ich habe sie behalten, weil meine Frau sich so viel aus ihnen machte.»

Ein Marokkaner mit weißem Jackett verkündete, es sei angerichtet. Dr. Rinaldi reichte Monsieur Ducros seinen Stock, und beide erhoben sich aus ihren Sesseln.

Monsieur Ducros deutete auf die Karaffen, die auf dem Tisch standen, und sagte: «Der Weiße ist ein einfacher Valpierre. Der Rote ein recht guter Bordeaux. Hast du Mademoiselle Herzler ihr Tablett gebracht, Abdeslam?»

Als sie bei Tisch saßen, sagte er vertraulich: «Meine Sekretärin besteht darauf, allein in ihrem Zimmer zu essen. Ich glaube, sie ist nicht allzu glücklich hier. Sie beklagt sich oft über den Wind. Schweizerin!» fügte er hinzu wie eine Erklärung.

Dr. Rinaldi, der mit seiner *sole meunière* beschäftigt war, antwortete nicht. Wenig später sah er auf und sagte mit großer Ernsthaftigkeit: «Ich habe den Verdacht, daß Sie den Wert dieser Bilder weit unterschätzen. Darf ich Ihnen eine Frage stellen? Wieviel, glauben Sie, würden sie heute auf dem Kunstmarkt bringen?»

Monsieur Ducros hielt im Essen inne und überlegte einen Augenblick. «Ich habe keine Ahnung», sagte er.

«Allein für die fünf Soutines könnte ich Ihnen morgen zwei Millionen Francs besorgen.» Bei diesen Worten musterte Rinaldi seinen Gastgeber genau, um zu sehen, wie dessen Reaktion ausfiel. Er bemerkte einen Anflug von Interesse, der augenblicklich von Ungläubigkeit verdrängt wurde.

«Lächerlich. Es sind schließlich keine Tizians.»

«Ich meine es vollkommen ernst.»

Monsieur Ducros schwieg. Dann seufzte er. «Selbst wenn Ihre Schätzung nicht maßlos übertrieben sein sollte und ich mich von ihnen trennen wollte – wozu könnte es gut sein? Hier wäre das Geld nutzlos, und es aus Marokko hinauszubringen ist verboten.»

«Ach hören Sie auf», sagte Dr. Rinaldi. «Da gibt es Mittel und Wege.»

«Nein, vielen Dank», entgegnete Monsieur Ducros fest. «Das Gesetz ist im allgemeinen unlogisch und oft auch ungerecht, aber ich gehöre nicht zu denen, die sich darüber lustig machen.»

«Mein Freund, Sie handeln nach dem Ethos einer

vergangenen Epoche. Aber Sie haben recht, haben ganz recht.»

«Nach meiner Erfahrung ist gerade der vernünftige Mensch derjenige, der die Gesetze befolgt.»

«Aber wie menschlich ist es, unvernünftig zu sein», seufzte Dr. Rinaldi.

Monsieur Ducros warf seinem Gast einen verstohlenen Blick zu: Er hatte den Verdacht, daß diese letzten Worte eine versteckte Anspielung auf seinen Unfall sein sollten. Der Doktor hatte ihn bereits heftig getadelt, daß ihm etwas derart Absurdes hatte passieren können. Wozu waren Diener da, wenn nicht, um auf Leitern zu klettern? Er hatte nicht Monsieur Ducros' Alter erwähnt, doch galt dieses Zeichen von Diskretion wenig im Angesicht der Strenge, mit der er seine Meinung geäußert hatte. Monsieur Ducros erkannte den drohenden Unterton wieder; seit seinem achtzigsten Geburtstag hatten alle Ärzte so mit ihm gesprochen.

Sie wandten sich anderen Themen zu. Später jedoch, bei Kaffee und Armagnac im Salon, fing Monsieur Ducros mit nachdenklichem Gesichtsausdruck wieder davon an.

«Um noch einmal auf die Gemälde zurückzukommen – wie hätte Ihr Käufer sie außer Landes schaffen wollen? Ich bin nur neugierig.»

«Die Frage hätte sich gar nicht gestellt», antwortete der Arzt. «Ein amerikanischer Sammler baut sich gerade ein Haus in Marrakesch. Warum fragen Sie? Habe ich Sie in Versuchung geführt?»

Monsieur Ducros schüttelte den Kopf. «Nein, nein, ganz und gar nicht.»

III

Ihr nächstes Zusammentreffen, weniger als eine Woche später, war unerwartet und stürmisch. Am späten Nachmittag eines gewöhnlichen Arbeitstags wurde Monsieur Ducros von einem Taxifahrer in Dr. Rinaldis Klinik gebracht. Er befand sich in einem Zustand, der Ähnlichkeit mit einem Schlaganfall hatte. Der Gips war aufgebrochen, und Fetzen von Gaze flatterten hinter ihm her.

Da er sah, daß Monsieur Ducros keinen zusammenhängenden Satz herausbringen würde, wandte sich Dr. Rinaldi an den Taxifahrer. «Ist er angefahren worden?»

Der Fahrer wußte es nicht. Er war von einem Beamten am Flughafen angesprochen worden, der ihm befahl, den Passagier nach Hause zu fahren; unterwegs habe der Mann dann gefordert, ins Krankenhaus gebracht zu werden.

Man steckte Monsieur Ducros ins Bett und gab ihm eine Spritze. Nach einer künstlich herbeigeführten Schlafpause von mehreren Stunden war er gegen Abend so weit wiederhergestellt, daß er Dr. Rinaldi seine Geschichte erzählen konnte.

Abdeslam hatte ihn zum Flughafen gebracht, sein Gepäck einem Träger übergeben und war dann nach Hause zurückgekehrt. Das Flugzeug nach Paris traf ein. Noch während sein Paß kontrolliert wurde, war plötzlich ein Mann aus dem Nichts aufgetaucht und hatte ihn gebeten, ihm in ein kleines Büro zu folgen, wo er und zwei andere ihn gezwungen hatten, sich auszuziehen. Damit nicht zufrieden, hatten sie sich geweigert zu glauben, daß sein Bein tatsächlich gebrochen war, hatten ihn festgehalten, den Gips geöffnet und auf der Suche nach dem Geld das Innere stückweise herausgerissen.

«Es ist dieses Gerücht! Sie waren so unverschämt, mir zu erklären, sie handelten aufgrund von geheimen Informationen, daß ich El Hafa verkauft hätte.»

Dr. Rinaldi war schockiert. «Unerhört! Wir müssen sofort Herbier im Konsulat verständigen.»

«Ich werde Schadenersatz fordern», rief Monsieur Ducros schwach.

«Mein armer Freund, das würde zu nichts führen! Sie leben doch lange genug hier, um das selbst zu wissen. Sie können nur das Geschehene akzeptieren, sich vergewissern, daß das Bein in Ordnung ist, einen neuen Gips anlegen lassen und es noch einmal versuchen.»

Monsieur Ducros schloß kurz die Augen, dann öffnete er sie wieder. «Sie können mir helfen», sagte er.

«Natürlich. Als Ihr Arzt kann ich die Echtheit des Bruchs bestätigen. Vielleicht wollen sie noch die Röntgenaufnahmen sehen», setzte er sarkastisch hinzu.

Monsieur Ducros schien nicht zuzuhören. Er starrte an die Decke. «Ja, Sie können mir helfen», wiederholte er.

Dr. Rinaldi fand, daß es Zeit für seinen Patienten war, sich auszuruhen. «Sie können mit mir rechnen», sagte er.

Am nächsten Tag kam er ins Krankenzimmer und erklärte, er sei bereit, den neuen Gips anzulegen. Monsieur Ducros winkte ab. «Nein, nein, ich will ihn nicht.»

«Aber Sie brauchen den Gips. Sie können nicht ohne gehen.»

«Ich werde nicht gehen. Ich werde mich zu Hause ins Bett legen, bis Sie kommen und sich darum kümmern.»

«Wie Sie wünschen», sagte Dr. Rinaldi knapp; er hatte

das Gefühl, es sei albern, der Laune eines unvernünftigen alten Mannes nachzugeben.

«Abdeslam kann mich heute nachmittag nach Hause bringen. Könnten Sie gegen fünf Uhr vorbeikommen?»

Flüchtig schoß dem Arzt der Gedanke durch den Kopf, daß der Zwischenfall am Flughafen das Gehirn geschädigt haben könnte. In irgendeiner Art schien Monsieur Ducros' Persönlichkeit leicht verändert.

«Sie dürfen keinesfalls mit dem Bein auftreten», sagte er und runzelte die Stirn. «Nicht einmal, um ein paar Schritte in Ihrem Zimmer zu gehen. Sind wir uns einig?»

IV

Dr. Rinaldi fand seinen Patienten auf Kissen gestützt in einem riesigen antiken Bett von El Hafa; die Damastvorhänge, die vom Baldachin herunterhingen, verbargen ihn fast vollständig.

«Ich habe Ihre Anweisungen strikt befolgt», rief er, noch ehe der Arzt und sein Assistent das Zimmer betreten hatte.

Dr. Rinaldi lachte. «Wann planen Sie Ihren nächsten Ausbruchsversuch?»

«Darüber habe ich noch nicht nachgedacht», sagte Monsieur Ducros. «Kann ich Sie ein paar Minuten unter vier Augen sprechen?»

Dr. Rinaldi richtete einige Worte an den Marokkaner, und dieser verließ den Raum. Als sie allein waren, beugte Monsieur Ducros sich vor und bedeutete dem Arzt, näher zu treten.

«Ich werde es Ihnen erklären», flüsterte er. «Ich will nicht, daß Sie mir heute den Gips anlegen, verstehen Sie?

Ich wollte nur, daß Sie vorbeikommen. Und ich habe beschlossen, die Bilder zu verkaufen, wenn Sie Verbindung zu dem Amerikaner aufnehmen können.»

Diese unlogische Gedankenverbindung bestätigte Rinaldi in seinem Verdacht; er sah darin ein deutliches Beispiel für eine geistige Fehlfunktion. «Moment mal», sagte er und setzte sich auf den Rand des Bettes. «Eins nach dem anderen. Darf ich fragen, warum Sie es vorziehen, heute keinen Gips zu bekommen?»

«Weil ich wissen muß, ob die Bilder verkauft werden können oder nicht. Das sollte doch wohl einsichtig sein.»

«Ich hatte die beiden Angelegenheiten nicht miteinander in Verbindung gebracht», sagte der Arzt trocken. «Doch da der Verkauf der Bilder Sie offenbar hauptsächlich interessiert, kann ich nur sagen: Ja, Sie können sie mit Sicherheit verkaufen, auch sofort, wenn Sie es wünschen. Ich selbst werde sie kaufen und weiterverkaufen.»

«Mit einem angemessenen Gewinn, hoffe ich», setzte Monsieur Ducros lächelnd hinzu.

«Das ist wahrscheinlich.»

«Sie sprachen von zwei Millionen, wenn ich mich richtig entsinne.»

Dr. Rinaldi lachte. «Wenn Sie den Vlaminck, den Rouault und den Kokoschka noch drauflegen, auch zweieinviertel Millionen.»

Monsieur Ducros schlug die Hände über dem Kopf zusammen. «Kokoschka, also wirklich! Ich kann nicht einen vom anderen unterscheiden. Sie sind alle gleich unbegabt. Das wären also alle acht, nicht wahr? Ich habe einige alte Thai-Stücke, die ich am Ende der Halle aufhängen kann. Sie zu behalten lohnt sich weit mehr.»

Dr. Rinaldi musterte seinen Patienten forschend. «Meinen Sie es ernst? Wollen Sie wirklich einen Scheck?»

«Durchaus nicht. Bargeld. Französische Francs.»

Dr. Rinaldi war sprachlos. «Aber ...», sagte er.

«Sie sind nicht einverstanden?»

«Das braucht Zeit. Möglicherweise bis morgen abend.»

Monsieur Ducros winkte ungeduldig ab. «Bringen Sie das Geld einfach her.»

Dr. Rinaldi schüttelte mißbilligend den Kopf und sagte: «Es ist viel zuviel Geld, um es zu Hause aufzubewahren.»

Das schien Monsieur Ducros zu verwundern. «Aber mittlerweile haben Sie doch sicherlich begriffen, was Sie mit den Banknoten anstellen sollen, oder nicht? Sie müssen in den Verband eingearbeitet werden. Das, was sie beim ersten Mal vermuteten, wird beim zweiten Mal zutreffen.»

Nach langem Schweigen sagte Dr. Rinaldi langsam: «Sie können wohl kaum erwarten, daß ich meinen guten Ruf als Arzt aufs Spiel setze, nur um Ihnen bei einem Verbrechen behilflich zu sein.»

Monsieur Ducros rief erregt: «Betrug! Ich bin bereits bestraft worden! Jetzt will ich die Strafe *verdienen*!»

Der Arzt erhob sich. «Ich muß gestehen, ich finde diesen Wechsel Ihrer moralischen Ansichten erstaunlich.»

«Nichts hat sich verändert. Was eine Frage der Ethik war, ist nun eine Frage der Ehre geworden.»

Dr. Rinaldi ging, dem Muster des Teppichs folgend, im Zimmer auf und ab und fragte: «Können Sie sich vorstellen, wieviel mehr Arbeit es für mich bedeutet, wenn ich es ohne Assistenten machen muß?»

Monsieur Ducros wußte, daß er gewonnen hatte, und ließ nicht locker. «Herbier hat sich mit Rabat in Verbindung gesetzt, nicht wahr? Er hat eine formelle Entschuldigung für den Zwischenfall erhalten. Eine Wiederholung ist so gut wie ausgeschlossen, das Risiko aus dem Weg geräumt.»

Der Arzt ging zum Fußende und legte seine Hände um die Bettpfosten. «Ich nehme zurück, was ich neulich beim Abendessen über Sie sagte. Sie sind in der Tat ein Produkt unserer Zeit.»

«Ich sehe es ganz und gar nicht so», antwortete Monsieur Ducros schnell. «Diese kleine Rache ändert nichts an meinen sonstigen Ansichten. Wir spielen nur eine kleine Partie ‹Auge um Auge›, wenn Sie so wollen.»

«Schon gut», sagte Dr. Rinaldi. «Sie brauchen kein ärztliches Attest, wenn Herbier Sie persönlich zum Flughafen begleitet.»

... Und so etwa kam es zum ersten Schritt Deines Vaters auf dem Pfad des Verbrechens. Doch zuweilen liegen Verbrechern ihre Familien mehr am Herzen, als man glaubt. Begib Dich also zur Hongkong und Shanghai Bank *in Kuala und frage nach einem gewissen Mister Nigel Dwason. Er wird Dir erklären, daß Du Besitzerin eines Bankkontos bist, dessen Guthaben im Augenblick etwa fünfundsiebzigtausend Pfund Sterling beträgt. Ich bin überzeugt, daß es vieles gibt, für das es sich als nützlich erweisen könnte, einschließlich, so hoffe ich, eines baldigen Besuchs von Dir und Pierrot in Tanger.*

Ich besaß die Bilder dank Deiner Mutter. Und ich glaube, sie wüßte den absurden Verlauf der Dinge zu schätzen, der es mir ermöglichte, sie gegen ein kleines Vermögen einzutauschen. Aber das Glück ist wohl immer absurd.

Ich stelle mir vor, wie Du in der dubiosen Kühle Deines klimatisierten Apartments sitzt und auf die feuchten Bäume und den Verkehr von «Kuala l'impur», wie Cocteau es zu nennen pflegte, hinunterschaust. Dabei gibt es Orte, die weit unreiner sind.

Vergiß nicht, daß ich an Dich denke, und bitte laß mir bald eine Nachricht zukommen,

ton père qui t'aime

Der Blick

Vor zehn oder zwölf Jahren kam ein Mann nach Tanger, der besser daran getan hätte, der Stadt fernzubleiben. Was ihm zustieß, war keineswegs seine Schuld, ungeachtet der boshaften Unterstellungen der englischsprachigen Einwohner der Stadt. Diese Leute zeigten oft ähnliche Reaktionen wie bestimmte primitive Gruppen: wenn das Unglück einen aus ihrer Mitte ereilt, sehen die anderen in gegenseitigem Einverständnis davon ab, ihm Hilfe anzubieten; sie lehnen sich zurück und schauen zu, überzeugt, daß er sein Leiden selbst verschuldet hat. Er ist zu einem Tabu geworden, außerstande, Hilfe zu empfangen. Im Falle dieses bestimmten Mannes hätte ihm niemand Trost spenden können, denke ich; trotzdem muß die stillschweigende Mißbilligung, die sein Unglück hervorgerufen hatte, ihm die letzten Monate seines Lebens noch schwerer gemacht haben.

Sein Name war Duncan Marsh, und man sagt, er stammte aus Vancouver. Ich selbst habe ihn nie gesehen und weiß von niemandem, der behauptet, ihn gekannt zu haben. Als seine Geschichte auf den Cocktailparties die Runde machte, war er tot, und die verantwortungsloseren unter den Bürgern der Stadt ließen ihrem Hang zu Mythenbildung freien Lauf.

Er kam allein nach Tanger, mietete ein möbliertes Haus am Berghang von Djamaa el Mokra – in jenen Tagen war ein solches Haus leicht zu finden und entsprechend preiswert – und stellte kurz darauf einen marokkanischen Jugendlichen als Nachtwächter ein. In der Miete war der Lohn für eine Köchin und einen Gärtner enthalten, die im Haus wohnten, doch beide wurden von ihren Pflichten entbunden und die Köchin durch eine Frau ersetzt, die auf Vorschlag des Nachtwächters ins Haus kam. Wenig später klagte Marsh über die ersten Symptome eines Verdauungsleidens, das sich im Verlauf der Monate zunehmend verschlimmerte. Die Ärzte von Tanger rieten ihm, sich nach London zu begeben. Nach zwei Monaten in einem dortigen Krankenhaus hatte sich sein Zustand leicht gebessert. Doch wurde keine eindeutige Diagnose gestellt, und nach seiner Rückkehr wurde er schon bald bettlägerig. Schließlich transportierte man ihn, auf einer Bahre liegend, nach Kanada, wo er kurz darauf starb.

An alledem war nichts Außergewöhnliches; es wurde vermutet, daß Marsh ein weiteres Opfer langsamer Vergiftung durch einheimische Diener geworden war. Während der fünf Jahrzehnte, die ich in Tanger verbrachte, hat es mehrere solcher Fälle gegeben. Jedesmal hieß es, das europäische Opfer sei selbst schuld gewesen, weil er (oder sie) zuviel Vertraulichkeit im Umgang mit einem Diener angestrebt habe. Was dem Außenstehenden seltsam erscheint, ist, daß niemand die Sache in die Hand genommen und eine Suche nach dem Schuldigen eingeleitet hat; solange es aber an Beweisen mangelt, wird jeder Versuch einer Aufklärung sinnlos sein.

Zwei Details runden die Geschichte ab. Im Verlauf seiner Krankheit erzählte Marsh einem Bekannten irgendwann von einem Arrangement, das er getroffen hatte, um seinen Nachtwächter finanziell zu unterstützen, falls er selbst gezwungen wäre, Marokko zu verlassen. Zu diesem Zweck übergab er dem Jungen ein notariell beglaubigtes Schreiben; dieser hatte jedoch augenscheinlich nie versucht, seinen Anspruch geltend zu machen. Der andere Bericht stammte von Dr. Halsey, dem Arzt, der Marshs Transport vom Haus zum Flughafen organisiert hatte. Es war diese kleine Information, die, zumindest für mich, die Geschichte mit Leben erfüllte. Laut Aussage des Arztes waren Marshs Fußsohlen von tiefen Schnitten in Form primitiver Muster gezeichnet; die Wunden waren frisch, aber teilweise entzündet. Dr. Halsey zog die Köchin und den Nachtwächter hinzu: Sie zeigten Entsetzen und Abscheu beim Anblick der Füße ihres Arbeitgebers, waren jedoch nicht imstande, eine Erklärung für die Verstümmelungen zu geben. Wenige Tage nach Marshs Abreise kamen die ursprüngliche Köchin und der Gärtner zurück, um ihr altes Leben wiederaufzunehmen; die beiden anderen hatten das Haus bereits verlassen.

Die langsame Vergiftung war ein klassisches Beispiel für derartige Fälle, besonders in Anbetracht von Marshs Bemerkung über seine Vorkehrungen für das Wohlergehen des Jungen; die von einem Messer stammenden Muster an den Füßen jedoch widersprachen sämtlichen wie auch immer gearteten Kombinationen von Motiven. Ich dachte darüber nach. Es konnte kaum ein Zweifel daran bestehen, daß der Junge schuldig war. Er hatte Marsh überredet, die Köchin des Hauses loszuwerden, obgleich ihr der Lohn weiterbezahlt werden mußte, und eine andere Frau (wahrscheinlich aus seiner eigenen

Familie) für die Küche einzustellen. Eine Vergiftung nimmt viele Monate in Anspruch, wenn sie unerkannt bleiben soll, und niemand ist dazu besser imstande als die Köchin. Sicher wußte sie von dem finanziellen Arrangement, das für den Jungen getroffen worden war, und hoffte, daran beteiligt zu werden. Dies bot jedoch keine Erklärung für die Kreuze und Kreise, die in die Füße geschnitten worden waren. Wer jemanden langsam vergiften will, geht geduldig und methodisch vor; sein Hauptanliegen besteht darin, das Gift wirksam zu dosieren und keine sichtbaren Spuren zu hinterlassen. Waghalsigkeit ist ihm fremd.

Es kam die Zeit, da niemand mehr Duncan Marshs Geschichte erzählte. Ich selbst dachte auch seltener daran, weil mir keine bedenkenswerten Hypothesen mehr einfielen. Eines Abends, es ist vielleicht fünf Jahre her, suchte mich ein hier ansässiger Amerikaner auf und erzählte, er habe einen Marokkaner entdeckt, der behaupte, Marshs Nachtwächter gewesen zu sein. Der Mann heiße Larbi; er sei Kellner im Le Fin Bec, einem kleinen Straßenrestaurant. Offenbar spreche er nur wenig Englisch, verstehe es jedoch ohne Schwierigkeiten. Diese Information erhielte ich ohne Garantie, erklärte mir der Amerikaner, falls ich geneigt sei, Gebrauch davon zu machen.

Ich ließ mir die Sache durch den Kopf gehen, und eines Abends, ein paar Wochen später, suchte ich das Restaurant auf, um mir Larbi selbst anzusehen. Das Lokal war trübe erleuchtet und voller Europäer. Ich beobachtete die drei Kellner. Sie sahen alle gleich aus, mit breiten schwarzen Schnurrbärten, Jeans und Sporthemden. Man reichte mir eine Speisekarte; ich konnte sie kaum lesen, nicht einmal im Schein der kleinen Tischlampe. Als der Mann, der sie mir gegeben hatte, wiederkam, fragte ich nach Larbi.

Er nahm mir die Karte aus der Hand und verließ den Tisch. Einen Moment später erschien ein anderer aus dem Triumvirat und reichte mir die Speisekarte, die er unter dem Arm hielt. Ich bestellte auf Spanisch. Als er die Suppe brachte, sagte ich leise, daß ich überrascht sei, ihn hier arbeiten zu sehen. Das verwirrte ihn; ich konnte erkennen, daß er versuchte, sich an mich zu erinnern.

«Warum sollte ich nicht hier arbeiten?» Seine Stimme war ruhig, ohne besondere Betonung.

«Natürlich – warum nicht? Ich dachte nur, du hättest mittlerweile einen Basar oder einen anderen Laden.»

Sein Lachen war eher ein Schnauben. «Basar!»

Als er den nächsten Gang servierte, bat ich ihn um Verzeihung, daß ich mich in seine Angelegenheiten eingemischt hätte. Doch interessiere mich die Sache, weil ich mehrere Jahre den Eindruck gehabt hätte, er habe von einem englischen Herrn eine Erbschaft erhalten.

«Sie meinen Señor Marsh?» Seine Augen hatten sich geweitet.

«Ja, so hieß er. Hat er dir nicht einen Brief gegeben? Er hat seinen Freunden davon erzählt.»

Er sah über meinen Kopf hinweg und sagte: «Er hat mir einen Brief gegeben.»

«Hast du ihn je irgend jemandem gezeigt?» Dies war taktlos, aber manchmal ist es besser, geradewegs auf ein Ziel zuzusteuern.

«Warum? Wozu sollte es gut sein? Señor Marsh ist

tot.» Er schüttelte entschieden den Kopf und trat an einen anderen Tisch. Als ich meine *crème caramel* verspeist hatte, waren die meisten Gäste schon gegangen, und der Raum wirkte noch dunkler. Er kam an meinen Tisch, um zu fragen, ob ich Kaffee wolle. Ich bat um die Rechnung. Als er sie brachte, sagte ich, daß ich das Schreiben sehr gern sehen würde, falls er es noch hätte.

«Sie können morgen abend kommen oder an irgendeinem anderen Abend, und ich zeige es Ihnen. Ich habe es zu Hause.»

Ich dankte ihm und versprach, in zwei oder drei Tagen wiederzukommen. Als ich das Restaurant verließ, war ich verwirrt. Es schien eindeutig, daß der Kellner glaubte, nichts mit Duncan Marshs Unglück zu tun zu haben. Als ich einige Abende später das Dokument sah, verstand ich gar nichts mehr.

Es war kein Brief; es war ein *papier timbré* von der Art, wie Tabakhändler sie verkaufen. Darauf stand nur: *Bestätigung: Ich, Duncan Whitelow Marsh, verpflichte mich hiermit, monatlich – jeweils am ersten – die Summe von hundert Pfund auf das Konto von Larbi Lairini zu überweisen, und zwar, solange ich lebe.* Es war im Beisein zweier marokkanischer Zeugen unterschrieben und notariell beglaubigt worden und trug das Datum des 11. Juni 1966. Als ich es ihm zurückgab, sagte ich: «Und es hat dir nie etwas genützt.»

Er zuckte die Achseln und steckte das Papier in seine Brieftasche. «Wie sollte es? Der Mann ist gestorben.»

«Schade.»

«Suerte.» Im marokkanischen Gebrauch des Wortes bedeutet es eher Verhängnis als einfach Schicksal.

In diesem Augenblick hätte ich weiterbohren und ihn fragen können, ob er irgendeine Erklärung für die Ursache von Marshs Krankheit habe, doch ich wollte Zeit gewinnen, um über das, was ich erfahren hatte, nachzudenken. Als ich aufstand, sagte ich: «Tut mir leid, daß es so enden mußte. In ein paar Tagen komme ich wieder.» Er reichte mir die Hand und schüttelte sie. Ich hatte keinerlei Pläne. Entweder würde ich bald wiederkommen oder gar nicht.

Solange ich lebe. Mehrere Wochen hallte dieser Satz in meinem Kopf nach. Möglicherweise hatte Marsh es so formuliert, damit die *adoul* von Tanger, die ihre verschnörkelten Unterschriften auf das Blatt gesetzt hatten, es leichter verstünden; trotzdem konnte ich nicht umhin, die Worte in einem dramatischeren Sinn zu interpretieren. Für mich bedeutete das Dokument, daß eine Übereinkunft zwischen Herrn und Diener beglaubigt worden war, die bereits bestand: Marsh brauchte die Hilfe des Nachtwächters, und der Nachtwächter hatte sich bereit erklärt, ihm zu helfen. Es gab keinerlei Anhaltspunkt für eine derartige Vermutung, trotzdem glaubte ich, auf der richtigen Fährte zu sein. Allmählich gelangte ich zu der Überzeugung, daß ich vielleicht in der Lage wäre, die Dinge klarer zu sehen, wenn ich auf Arabisch und in dem bewußten Haus mit dem Nachtwächter sprechen könnte.

Eines Abends ging ich zum Le Fin Bec und machte, ohne Platz zu nehmen, Larbi ein Zeichen, für einen Augenblick nach draußen zu kommen. Dort bat ich ihn herauszufinden, ob das Haus, in dem Mr. Marsh gelebt hatte, momentan bewohnt sei oder nicht.

«Niemand wohnt dort.» Er hielt inne und setzte dann hinzu: «Es steht leer. Ich kenne den Wachmann.»

Ich hatte, ungeachtet meiner mangelhaften Arabischkenntnisse, beschlossen, mich in seiner Sprache mit ihm zu unterhalten, also sagte ich: «Paß auf. Ich würde gern mit dir zu diesem Haus gehen und mir ansehen, wo das alles passiert ist. Ich gebe dir fünfzehntausend Francs für deine Mühe.»

Er war überrascht, mein Arabisch zu hören; dann nahm sein Gesicht einen zufriedenen Ausdruck an. «Er darf niemanden hereinlassen», sagte er.

Ich gab ihm dreitausend Francs. «Du regelst das mit ihm. Und fünfzehntausend für dich, wenn wir das Haus verlassen haben. Wäre dir Donnerstag recht?»

Das Haus stammte aus den fünfziger Jahren, würde ich annehmen, einer Zeit, in der solides Bauen noch möglich war. Es war vollkommen in den Berghang hineingebaut; dahinter erstreckte sich der Wald. Wir mußten drei Treppen durch den Garten nach oben steigen, ehe wir zum Eingang gelangten. Der Wachmann, ein schielender Djibli in brauner Dschellaba, folgte uns auf den Fersen und beäugte mich mißtrauisch.

Oben gab es eine geräumige Terrasse mit Blick nach Südosten, über die Stadt und die Berge. Hinter der Terrasse endete eine schattige Rasenfläche, die an den Wald grenzte. Das Wohnzimmer war hell und groß; eine Pendeltür führte auf den Rasen. Der Geruch nach feuchten Wänden und Schimmel hing in der Luft. Eine absurde Überzeugung, bald alles zu verstehen, hatte sich meiner bemächtigt; mir fiel auf, daß ich schneller atmete. Wir betraten das Eßzimmer. Dahinter waren ein Flur und das

Zimmer, in dem Marsh geschlafen hatte, dunkel, die Läden geschlossen. Eine breite Wendeltreppe führte ein Stockwerk tiefer, wo sich noch zwei Zimmer befanden, und weiter zur Küche und zu den Dienstbotenzimmern ganz unten. Die Küchentür ging auf einen kleinen gekachelten Patio hinaus, wo hoher Philodendron die Wände bedeckte.

Larbi sah hinaus und schüttelte den Kopf. «Hier fing der ganze Ärger an», sagte er finster.

Ich trat durch die Tür und setzte mich auf eine schmiedeeiserne Bank in der Sonne. «Drinnen ist es feucht. Warum bleiben wir nicht hier draußen?»

Der Wachmann verschwand und schloß das Haus ab. Larbi hockte sich unweit der Bank bequem auf die Fersen.

Es hätte überhaupt keinen Ärger gegeben, sagte er, wenn Marsh nur mit Yasmina zufrieden gewesen wäre, der Köchin, deren Dienste in der Miete enthalten gewesen waren. Aber sie war schlampig bei der Arbeit, und das Essen war schlecht. Er forderte Larbi auf, ihm eine neue Köchin zu suchen.

«Ich sagte ihm im voraus, daß diese Frau, Meriam, eine kleine Tochter hatte, die sie an manchen Tagen bei Freunden unterbringen könnte, an anderen Tagen aber mit zur Arbeit bringen müßte. Er sagte, es mache ihm nichts aus, er wollte nur, daß sie leise sei.»

Die Frau wurde eingestellt. Zwei oder drei Tage in der Woche kam sie mit dem Kind; es spielte im Patio, wo sie es im Auge hatte. Von Anfang an beschwerte Marsh sich darüber, daß es zuviel Lärm mache. Wiederholt ließ er Meriam ausrichten, sie solle dafür sorgen, daß die Kleine leise sei. Und eines Tages schlich er um das Haus herum und hinunter in den Patio. Auf allen vieren kroch er näher, bis sein Gesicht direkt vor dem Mädchen war, und dann zog er eine so schreckliche Grimasse, daß das Kind anfing zu schreien. Als Meriam aus der Küche gelaufen kam, stand er lächelnd auf und entfernte sich. Das kleine Mädchen drückte sich in eine Ecke der Küche und wollte nicht mehr aufhören zu weinen und zu schreien, bis Meriam es nach Hause brachte. In dieser Nacht wurde es, noch immer schluchzend, von hohem Fieber gepackt. Mehrere Wochen schwebte es zwischen Leben und Tod, und als es schließlich außer Gefahr war, konnte es nicht mehr laufen.

Meriam, die verhältnismäßig viel verdiente, zog einen *fqih* nach dem anderen zu Rate. Alle stimmten darin überein, daß der «böse Blick» das Kind getroffen habe; ebenso war klar, daß dies das Werk des Ungläubigen war, für den sie arbeitete. Was sie ihr geraten hatten, erklärte Larbi, war, Marsh bestimmte Substanzen zu verabreichen, die es ihr vielleicht ermöglichen würden, den Fluch wiederaufzuheben. Dies sei unbedingt notwendig gewesen, sagte er und sah mich ernst an. Selbst wenn der Señor ihn hätte rückgängig machen wollen (und natürlich hätte sie mit ihm niemals darüber gesprochen), wäre er dazu nicht in der Lage gewesen. Was sie ihm gab, konnte nicht schaden; es war nur eine Medizin, um ihn zu beruhigen, damit er sich nicht wehren konnte, wenn der Moment kam, den Fluch zu brechen.

Irgendwann vertraute Marsh Larbi an, daß er Meriam im Verdacht habe, seinem Essen Schlafmittel beizumengen, und bat ihn, ein Auge auf sie zu haben. Das Dokument zu Larbis Gunsten wurde aufgesetzt, um sich seiner aktiven Mithilfe zu versichern. Da Larbi die Mixturen, die Meriam ihrem Herrn verabreichte, für relativ harmlos hielt, beruhigte er ihn und ließ zu, daß sie ihm weiter Tag für Tag Gift ins Essen mischte.

Des Hockens müde sprang Larbi plötzlich auf und fing an, auf und ab zu gehen, sorgfältig in die Mitte jeder Kachel tretend. «Als er nach London ins Hospital mußte, sagte ich zu ihr: ‹Jetzt hast du ihn krank gemacht. Was, wenn er nicht zurückkommt? Dann wirst du den Fluch nie brechen können.› Sie war besorgt darüber. ‹Ich habe getan, was ich konnte›, sagte sie. ‹Es liegt in Allahs Hand.›»

Als Marsh nach Tanger zurückkehrte, drängte Larbi sie, die Sache bald zu Ende zu bringen, nun da er glücklicherweise wieder da war. Er denke, sagte er zu ihr, daß es für die Gesundheit des Señors besser sei, wenn ihre Behandlung nicht mehr allzu lange dauere.

Während er sprach, stellte ich keine Fragen; ich gab mir Mühe, meinen Gesichtsausdruck vollkommen neutral zu halten, denn ich glaubte, daß er seine Erzählung unterbrechen würde, sobald er den geringsten Anschein von Mißbilligung entdeckte. Die Sonne war hinter den Bäumen verschwunden, und im Patio war es kühl. Ich hatte große Lust, aufzustehen und auf und ab zu gehen wie er, aber ich befürchtete, daß selbst das ihn verstimmen könnte. Und einmal unterbrochen, würde er nur schwerlich zu einer Fortsetzung zu bewegen sein.

Bald ging es Marsh schlechter als je zuvor; er hatte quälende Schmerzen im Unterleib und an den Nieren.

Von nun an blieb er im Bett, und Larbi brachte ihm das Essen. Als Meriam sah, daß er nicht imstande war, das Bett zu verlassen, nicht einmal, um ins Badezimmer zu gehen, entschied sie, daß es an der Zeit war, den Fluch zu brechen. In derselben Nacht, in der ein *fqih* bei ihr zu Hause und in Gegenwart des verkrüppelten Mädchens eine Zeremonie abhielt, tauchten vier Männer aus Meriams Familie am Djamaa el Mokra auf.

«Als ich sie kommen sah, stieg ich auf mein Motorrad und fuhr in die Stadt. Ich wollte nicht in der Nähe sein, wenn sie es taten. Es hatte nichts mit mir zu tun.»

Er blieb stehen und rieb sich die Hände. Ich hörte, wie sich der Südwestwind in den Bäumen regte; es war seine Zeit, diese Nachmittagsstunde. «Kommen Sie. Ich werde Ihnen etwas zeigen», sagte er.

Wir stiegen einige Stufen an der Rückseite des Hauses hoch und kamen auf eine Terrasse mit einer Pergola. Dahinter lag der Rasen, die Wand von Bäumen.

«Er war sehr krank in den nächsten zwei Tagen. Er bat mich mehrmals, den englischen Arzt anzurufen.»

«Hast du es nicht getan?»

Larbi blieb stehen und sah mich an. «Vorher mußte ich alles saubermachen. Meriam weigerte sich, ihn anzurühren. Es war während der Regenzeit. Er war voller Schlamm und Blut, als ich zurückkam und ihn fand. Am nächsten Tag badete ich ihn und wechselte die Laken und Decken. Und ich machte das Haus sauber, denn sie hatten überall Schmutz hinterlassen, als sie ihn hineintrugen. Kommen Sie. Sie sollen sehen, wohin sie ihn bringen mußten.»

Wir hatten die Rasenfläche überquert und gingen durch das hohe Gras, das den Waldrand säumte. Ein Pfad bog nach rechts ab in das Gewirr von Unterholz, und wir folgten ihm, über Felsbrocken und umgestürzte Baumstämme kletternd, bis wir an einen alten steinernen Brunnen gelangten. Ich beugte mich über den Rand und sah weit unten das kleine Fleckchen Himmel.

«Bis hierhin mußten sie ihn schleppen, sehen Sie, und dann genau über den Brunnen halten, während sie die Zeichen in seine Füße schnitten, damit das Blut ins Wasser tropfte. Es ist nicht gut, wenn es neben den Brunnen fällt. Und sie mußten dieselben Zeichen machen, die der *fqih* für das kleine Mädchen auf ein Stück Papier gezeichnet hatte. Das ist keine einfache Sache im Dunkeln und im Regen. Aber sie haben es geschafft. Ich habe die Schnittwunden gesehen, als ich ihn badete.»

Vorsichtig fragte ich, ob er irgendeine Verbindung zwischen alldem und Marshs Tod sehe. Er löste seinen starren Blick vom Brunnen und wandte sich um. Wir gingen wieder zum Haus zurück.

«Er starb, weil seine Stunde gekommen war.»

Und ob der Fluch gebrochen worden sei, fragte ich. Ob das Kind wieder habe laufen können? Aber das wußte er nicht, denn wenig später war Meriam zu ihrer Schwester nach Kenitra gezogen.

Als wir im Wagen saßen und in die Stadt hinunterfuhren, gab ich ihm das Geld. Er blickte mehrere Sekunden darauf, bevor er es in die Tasche steckte.

In der Stadt setzte ich ihn mit einem unbestimmten

Gefühl von Enttäuschung ab und merkte, daß ich nicht nur erwartet, sondern in der Tat gehofft hatte, jemanden zu finden, dem man die Schuld hätte zuschreiben können. Woraus besteht ein Verbrechen? Es gab kein kriminelles Motiv – nur eine Mutter, die sich im Dunkel uralter Unwissenheit bewegte. Darüber dachte ich nach, während mich das Taxi nach Hause fuhr.

Im roten Zimmer

Als ich ein Haus in Sri Lanka hatte, kamen eines Winters meine Eltern zu Besuch. Ursprünglich hatte ich Bedenken gehabt, sie zu dieser Reise zu ermuntern. Jeder einzelne von mehreren Umständen – die dauernde Hitze, das ungewohnte Essen und das nicht einwandfreie Trinkwasser, selbst die Existenz einer Lepraklinik nur eine Viertelmeile vom Haus entfernt – hätte sie auf die eine oder andere Art negativ beeinflussen können. Aber ich hatte ihre Flexibilität unterschätzt; sie paßten sich besser an, als ich für möglich gehalten hätte, und schienen mit allem vollkommen zufrieden. Sie behaupteten, daß das Fehlen von fließendem Wasser in den Badezimmern ihnen nichts ausmache, und lobten regelmäßig die von Appuhamy, unserem Hauskoch, zubereiteten Curries. Da beide in den Siebzigern standen, stellten weiter entfernte oder unzugängliche Ziele keine besondere Verlokkung für sie dar. Sie begnügten sich damit, in der Nähe des Hauses zu bleiben, zu lesen, zu schlafen, wenn es Abend wurde, im Ozean zu baden und in einem gemieteten Wagen kleine Ausflüge entlang der Küste zu unternehmen. Wenn der Fahrer unvermutet an einer heiligen Stätte anhielt, um eine Kokosnuß zu opfern, waren sie entzückt, und wenn sie auf eine Herde von Elefanten stießen, die die Straße entlangtrotteten, mußte das Auto schon ein Stück vorher anhalten, damit sie sie näher kommen und vorbeigehen sehen konnten. Sie hatten kein

Interesse am Fotografieren, und das ersparte mir die vielleicht ermüdendste Pflicht eines Fremdenführers: das ständige Warten, während sich das Ritual zwischen Mensch und Maschine abspielt. Sie waren ideale Gäste.

Colombo, wo alle Leute wohnten, die ich kannte, war weniger als hundert Meilen entfernt. An mehreren Wochenenden fuhren wir dorthin, nachdem ich zuvor telefonisch mit Freunden alles arrangiert hatte. Dort tranken wir Tee auf den großen Veranden mancher Häuser in Cinnamon Gardens und speisten zu Abend mit Professoren der Universität, protestantischen Geistlichen und diversen Mitgliedern der Regierung. (Vielen Singhalesen kam es seltsam vor, daß ich meine Eltern mit Vornamen ansprach – Dodd und Hannah –; einige fragten, ob ich wirklich ihr Sohn oder adoptiert worden sei.) Diese Wochenenden in der Stadt waren heiß und ermüdend, und die beiden waren jedesmal froh, wieder nach Hause zu kommen, wo sie in bequemere Kleidung schlüpfen konnten.

Eines Sonntags, nicht lange vor ihrer Heimreise nach Amerika, beschlossen wir, die Pferderennen von Gintota zu besuchen. Dort gab es auch einen Botanischen Garten, den Hannah sehen wollte. Ich reservierte Zimmer im New Oriental in Galle; hier aßen wir zu Mittag, ehe wir aufbrachen.

Wie üblich verspätete sich der Start. Es waren ohnehin die Besucher, die den Mittelpunkt des Interesses bildeten. Die Phalanx von Frauen in seidendurchwirkten Saris entlockte Hannah Ausrufe des Entzückens. Die Rennen selbst waren eine Enttäuschung. Als wir die Rennbahn verließen, sagte Dodd mit Wohlbehagen: «Es wird guttun, wieder im Hotel zu sein und sich etwas auszuruhen.»

«Aber wir wollten doch zum Botanischen Garten», erinnerte ihn Hannah. «Ich will nur kurz reinschauen.»

Dodd war nicht besonders angetan. «Derartige Anlagen sind ziemlich ausgedehnt, weißt du», sagte er.

«Wir werfen nur einen Blick hinein und gehen wieder», versprach sie.

Der Mietwagen brachte uns bis zum Eingang. Dodd war müde und hatte deshalb gewisse Schwierigkeiten beim Gehen. «Seit ungefähr einem Jahr scheinen mir meine Beine nicht mehr richtig zu gehorchen», erklärte er.

«Ihr beiden könnt langsam hinterherkommen», sagte Hannah. «Ich laufe voraus und schaue, ob es etwas Aufregendes zu sehen gibt.»

Wir blieben stehen, um einen Gewürznelkenbaum zu betrachten; sein durchdringender Geruch erfüllte die Luft. Als wir uns abwandten, um unseren Spaziergang fortzusetzen, war Hannah nicht mehr zu sehen. Wir gingen unter der hohen Vegetation weiter, folgten dem Pfad um eine Ecke und entdeckten noch immer keine Spur von ihr.

«Was zum Teufel denkt sich deine Mutter? Sie wird sich im Handumdrehen verirrt haben.»

«Sie ist irgendwo weiter vorn.»

Kurz darauf, am Ende eines von verschlungenen Lianen überwucherten Weges, sahen wir sie, teilweise verdeckt von der gestikulierenden Gestalt eines Singhalesen, der neben ihr stand.

«Was geht da vor?» Dodds Schritte wurden schneller.

«Lauf hin», sagte er, und ich beschleunigte meinen Schritt. Dann sah ich Hannahs lebhaftes Lächeln und ging langsamer. Sie und der junge Mann standen vor einem großen Beet mit braunem Spinnen-Ragwurz.

«Ah! Ich glaubte schon, wir hätten dich verloren», sagte ich.

«Sieh dir diese Orchideen an. Sind sie nicht wunderbar?»

Dodd kam näher, nickte dem jungen Mann zu und inspizierte die Blüten. «Mir sehen sie mehr aus wie Aronstab», erklärte er.

Der junge Mann brach in wildes Gelächter aus. Dodd starrte ihn an.

«Der Herr hat mir die Geschichte des Gartens erzählt», begann Hannah hastig. «Von dem Widerstand dagegen und wie er schließlich doch angelegt wurde. Sehr interessant.»

Der Singhalese strahlte triumphierend. Er trug eine weiße Flanellhose und einen roten Blazer, und sein glattes schwarzes Haar schimmerte metallisch-blau in der Sonne.

Gewöhnlich mache ich einen großen Bogen um Fremde, die mich in ein Gespräch verwickeln wollen. Diesmal war es zu spät; von Hannah ermuntert, schlenderte der Fremde neben ihr zurück zum Hauptpfad. Dodd und ich wechselten einen Blick und folgten ihnen.

Irgendwo am Rand des Gartens hatte man unter hohen Gummibäumen einen Pavillon errichtet. Auf der Veranda ruhten in Sarongs gehüllte Männer in Liegestühlen. Der junge Mann blieb stehen. «Jetzt lade ich Sie zu einem kalten Ingwerbier ein», sagte er.

«Oh», antwortete Hannah überrumpelt. «Nun ja. Das wäre nett. Ein bißchen ausruhen kann nicht schaden.»

Dodd warf einen Blick auf seine Armbanduhr. «Ich verzichte auf das Bier, aber ich setze mich hin und schaue euch zu.»

Wir nahmen Platz und sahen ins üppige Grün. Die Konversation des jungen Mannes sprang von einem Thema zum nächsten; er schien unfähig, einen Gedankengang über seinen Beginn hinaus zu verfolgen. Ich hielt das für ein schlechtes Zeichen und versuchte Hannahs Tonfall zu entnehmen, ob sie ihn genauso unangenehm fand wie ich.

Dodd hörte nicht zu. Er empfand die Hitze im Flachland von Ceylon als drückend, und es war kaum zu übersehen, daß er erschöpft war. In der Annahme, ich könnte ihn von dem Geschwätz des jungen Mannes ablenken, wandte ich mich Dodd zu und begann zu reden, was mir gerade in den Sinn kam: das Wiederaufleben der Maskenherstellung in Ambalangoda, Teufelstänze, den hohen Anteil von Kriminellen unter den zum Christentum bekehrten Fischern. Dodd lauschte, nickte jedoch nur hin und wieder mit dem Kopf.

Plötzlich hörte ich, wie der junge Mann zu Hannah sagte: «Ich habe genau das richtige Haus für Sie. Ein Geschenk des Himmels, genau auf Ihre Bedürfnisse zugeschnitten. Sehr ruhig und abgelegen.»

Sie lachte. «Um Gottes willen, nein! Wir suchen nicht nach einem Haus. Wir sind nur noch wenige Wochen hier.»

Ich sah sie streng an, in der Hoffnung, sie würde meinen Blick als Warnung verstehen und ihm nicht verraten, wo sie wohnte. Der junge Mann achtete ohnehin nicht darauf. «Wie Sie wollen. Sie kaufen keine Häuser. Aber dieses Haus sollten Sie sich ansehen und dann Ihren Freunden davon erzählen. Eine erstklassige Investition, kein Zweifel. Darf ich mich vorstellen, bitte? Justus Gonzag, meine Freunde nennen mich Sonny.»

Sein Lächeln, das gar kein Lächeln war, war mir geradezu physisch unangenehm.

«Kommen Sie trotzdem. Es sind garantiert nur fünf Minuten zu Fuß.» Er musterte Hannah forschend. «Ich will Ihnen ein Buch mit Gedichten schenken. Meine eigenen. Mit einer Widmung und Ihrem Namen darin. Ich würde mich glücklich schätzen.»

«Oh», sagte Hannah, mit einem Hauch von Entsetzen in der Stimme. Dann nahm sie sich zusammen und lächelte. «Das wäre reizend. Aber bitte verstehen Sie, wir können nur einen Augenblick bleiben.»

Es folgte ein Schweigen. Dodd fragte kläglich: «Können wir nicht wenigstens den Wagen nehmen?»

«Unmöglich, Sir. Es ist eine enge Straße. Ein Wagen kommt da nicht durch. Aber das haben wir gleich.» Er rief. Ein Kellner eilte herbei, und er sprach eine Weile auf Singhalesisch mit ihm. Der Mann nickte und ging hinein. «Ihr Fahrer bringt jetzt den Wagen zu diesem Tor. Ganz in der Nähe.»

Das ging etwas zu weit. Ich fragte ihn, wie denn irgend jemand wissen sollte, welches unser Wagen sei.

«Kein Problem. Ich war in der Nähe, als Sie aus dem Pontiac stiegen. Ihr Fahrer heißt Wickramasinghe. Kommt aus den Bergen, äußerst zuverlässig. Die Leute hier unten sind unmöglich.»

Meine Abneigung wuchs mit jedem Satz, den er sprach. «Sie sind nicht von hier?» fragte ich.

«Nein, nein! Ich komme aus Colombo. Diese Leute hier sind unglaubliche Schurken. Jeder dieser Kerle hat ein Messer im Gürtel, garantiert.»

Als der Kellner die Rechnung brachte, setzte er rasch einen Schnörkel darauf und erhob sich. «Wollen wir dann aufbrechen?»

Niemand antwortete, doch wir alle standen auf und bewegten uns unschlüssig in Richtung Ausgang. Dort wartete unser gemieteter Wagen; Mr. Wickramasinghe saß hinter dem Steuer und grüßte.

Die Nachmittagshitze hatte sich gelegt und hielt sich nur noch vereinzelt unter den Bäumen, wo die Luft unbewegt war. Ursprünglich war der Weg, auf dem wir gingen, breit genug gewesen, um einen Ochsenkarren passieren zu lassen, aber die an beiden Seiten vordringende Vegetation hatte ihn zu kaum mehr als einem Fußpfad schrumpfen lassen.

Am Ende des Weges erhoben sich zwei steinerne Pfosten ohne Tor. Wir traten hindurch und begaben uns zu einem großen Anwesen, das auf zwei Seiten von verfallenen Stallungen begrenzt war. Mit Ausnahme eines kleinen Anbaus war das Haus vollkommen unter hohen Büschen und blühenden Bäumen verborgen. Als wir an die Tür kamen, blieb der junge Mann stehen und drehte sich mit erhobenem Zeigefinger zu uns um. «Kein Lärm, nicht wahr? Nur die Vögel.»

Es war die Stunde, in der die Vögel aus der Lethargie des Tages erwachen. Vielstimmiges Zwitschern drang aus den Bäumen. Er senkte den Finger und wandte sich wieder zur Tür. «Morgens singen sie. Jetzt nicht.»

«Oh, es ist herrlich», sagte Hannah.

Er führte uns durch eine Reihe von dunklen, verlassenen Zimmern. «Hier hat der *dhobi* die schmutzige Wäsche gewaschen! Das hier ist die Küche, sehen Sie? Ceylonesischer Stil. Nur Kohle. Mein Vater lehnte Paraffinöl und Gas ab. Schon in Colombo.»

Wir drängten uns in einem kurzen Flur, während er eine Tür öffnete, hineinlangte und den Raum in grelles Licht tauchte. Es war ein kleines Zimmer, und es wirkte noch kleiner durch die glänzende rote Verkleidung von Decke und Wänden. Ein großes Bett, über das eine Satindecke in etwas dunklerem Rot gebreitet war, nahm fast den ganzen Raum ein. Eine Reihe von Stühlen mit geraden Lehnen stand an der Wand. «Nehmen Sie Platz und machen Sie es sich bequem», sagte unser Gastgeber.

Wir setzten uns und starrten auf das Bett und die drei gerahmten Bilder an der Wand über dem messingverzierten Kopfende: auf dem linken ein Mädchen, in der Mitte unser Gastgeber und auf dem rechten ein anderer junger Mann. Die Porträts hatten die Unschärfe von Paßfotos, die um ein Vielfaches vergrößert worden waren.

Hannah hustete. Sie hatte nichts zu sagen. Im Zimmer hing ein widerlicher Geruch nach altem Weihrauch wie in einer nicht mehr benutzten Kapelle. Die Absurdität, die ich empfand, als ich uns Seite an Seite dasitzen sah, eingezwängt zwischen Bett und Wand, war so stark, daß sie meine Gedanken vorübergehend lähmte. Endlich war der junge Mann still; er saß steif da und blickte geradeaus wie jemand im Theater.

Schließlich mußte ich etwas sagen. Ich wandte mich an unseren Gastgeber und fragte ihn, ob er in diesem Raum schlafe. Die Frage schien ihn zu schockieren. «Hier?» rief er, als wäre es unvorstellbar. «Nein, nein, das Haus steht leer. Hier schläft niemand. Nur ein kräftiger Bursche, der nachts Wache hält. Entschuldigen Sie mich einen Augenblick.»

Er sprang auf und eilte aus dem Zimmer. Wir hörten, wie das Geräusch seiner Schritte im Gang widerhallte und dann erstarb. Irgendwo im Haus schlug eine Standuhr; ihr tröstlicher Klang ließ das blutrot schimmernde Gemach noch ferner und unwirklicher erscheinen.

Dodd rutschte unbehaglich auf seinem Stuhl hin und her; das Bett stand zu nahe, als daß er die Beine hätte übereinanderschlagen können. «Sobald er zurückkommt, gehen wir», murmelte er.

«Wahrscheinlich sucht er das Buch», sagte Hannah.

Wir warteten eine Weile. Dann sagte ich: «Paßt auf. Wenn er in zwei Minuten nicht da ist, stehen wir einfach auf und gehen. Wir finden schon allein hinaus.»

Hannah wandte ein, das wäre unverzeihlich.

Wieder saßen wir schweigend nebeneinander; Dodd schützte seine Augen vor dem gleißenden Licht. Als Sonny Gonzag zurückkam, hielt er ein Glas Wasser in der Hand, aus dem er, auf der Türschwelle stehend, trank. Sein Gesicht hatte sich verändert: er sah angespannt aus, und er atmete schwer.

Wir standen langsam auf, Hannah noch immer erwartungsvoll.

«Gehen wir? Kommen Sie.» Mit dem leeren Glas noch in der Hand, knipste er das Licht aus, schloß die Tür hinter uns, öffnete eine andere und führte uns eilig durch einen luxuriös eingerichteten Raum, in dem große Sofas, Wandschirme von der Koromandelküste und bronzene Buddhas standen. Wir hatten kaum Zeit, nach rechts und links zu schauen, während wir ihm folgten. Als wir durch die Eingangstür hinausgingen, rief er ein gebieterisches Wort ins Innere des Hauses, offensichtlich für den Wachmann bestimmt.

Auf dieser Seite des Hauses erstreckte sich eine große, ungepflegte Wiese, wo einige Gruppen hoher Areca-Palmen langsam vom Blattwerk und den Luftwurzeln des Philodendron, der sich um ihre Stämme wand, erdrückt wurden. Schlingpflanzen hatten sich über das Gestrüpp gebreitet wie häßliche Maschen eines überdimensionalen Spinnennetzes. Ich wußte, daß Hannah an Schlangen dachte. Sie starrte die ganze Zeit auf den Boden und trat vorsichtig von einem Stein zum nächsten, während wir am Haus entlang bis zu den Stallungen gingen und dann in den Pfad einbogen.

Rasch hatte sich die Dämmerung über das Land gelegt. Niemand schien zum Sprechen aufgelegt. Als wir den Wagen erreichten, stand Mr. Wickramasinghe daneben.

«Also dann: auf Wiedersehen, und empfehlen Sie Ihren Freunden, nach Sonny Gonzag zu fragen, wenn sie nach Gintota kommen.» Er reichte Dodd die Hand, dann mir, schließlich Hannah, und dann ging er.

Auf dem Rückweg nach Galle waren beide sehr schweigsam. Die Straße war eng, und die blendenden

Scheinwerfer der entgegenkommenden Wagen machten sie nervös. Während des Abendessens erwähnten wir den Nachmittag mit keinem Wort.

Beim Frühstück auf der von der Morgenbrise durchfächelten Veranda hatten wir genügend Abstand zu dem Vorfall, um darüber sprechen zu können. Hannah sagte: «Ich bin immer wieder aufgewacht und habe dieses schreckliche Bett vor mir gesehen.»

Dodd stöhnte.

Ich sagte: «Es war wie Fernsehen ohne Ton. Man sah alles, hatte aber keine Ahnung, worum es ging.»

«Der Bursche war nicht ganz bei Trost, das merkte man aus einer Meile Entfernung», erklärte Dodd.

Hannah hörte nicht zu. «Es muß das Zimmer eines Hausmädchens gewesen sein. Aber warum hat er uns dorthin geführt? Ich weiß nicht; die ganze Sache hat etwas furchtbar Deprimierendes. Mir wird beinahe übel, wenn ich nur daran denke. Und dieses Bett!»

«Nun, dann denke nicht mehr daran», sagte Dodd. «Ich werde es auf der Stelle aus meinem Gedächtnis streichen.» Er wartete einen Augenblick. «Schon fühle ich mich besser! Machen die Buddhisten es nicht genauso?»

Die sonnigen Ferien setzten sich noch ein paar Wochen so fort, nun mit längeren Ausflügen in den Osten, nach Tissamaharana und zu den wilden Elefanten im Yala-Reservat. Wir kamen erst wieder nach Colombo, als ich sie zum Flugzeug brachte.

Der Wind trieb die pechschwarzen Monsunwolken aus Südwest heran, während wir die Küste entlangfuhren. Als wir am Nachmittag in Mount Lavinia eintrafen und unsere Zimmer bezogen, gab es einen heftigen Regenguß. Das Krachen der Wellen vor meinem Fenster war so laut, daß Dodd die Fenster schließen mußte, um verstehen zu können, was wir sagten.

Ich hatte den Ausflug nach Colombo genutzt, um eine Verabredung mit meinem Anwalt, einem Telugu sprechenden Inder, zu arrangieren. Wir wollten uns in der Bar des Galleface treffen, ein paar Meilen die Küste hinauf. «Ich werde gegen sechs zurück sein», sagte ich zu Hannah. Der Regen hatte ein wenig nachgelassen, als ich mich auf den Weg machte.

Ein feuchter Wind trieb durch die Lobby des Galleface, doch in der Bar wurde die verrauchte Luft nur von Ventilatoren bewegt. Die erste Person, die ich beim Eintreten bemerkte, war Weston von der Chartered Bank. Der Anwalt war noch nicht da, also trat ich zu Weston an die Theke und bestellte einen Whisky.

«Habe ich Sie nicht letzten Monat bei den Pferderennen in Gintota gesehen? Mit einem älteren Paar?»

«Das waren meine Eltern. Ich habe Sie nicht bemerkt.»

«Ich war mir nicht sicher, ich stand zu weit entfernt. Aber ich sah dieselben drei Personen später mit einem Bürger der Stadt. Was halten Sie von Sonny Gonzag?»

Ich lachte. «Er hat uns zu seinem Haus geschleppt.»

«Ich nehme an, Sie kennen die Geschichte.»

Ich schüttelte den Kopf.

Die Geschichte, die er mit Vergnügen erzählte, begann an Gonzags Hochzeitstag, als er das Zimmer einer Hausangestellten betrat und dort seine Braut mit einem Freund, der Trauzeuge gewesen war, im Bett überraschte. Wie er eine Pistole bei sich haben konnte, blieb ein Rätsel, jedenfalls schoß er beide in den Kopf und hackte ihre Leichen später in Stücke. «So etwas ist hier natürlich nichts Besonderes», erklärte Weston. Doch es war das Verfahren, das einen Skandal verursachte. Gonzag verbrachte einige Wochen in einer Nervenklinik und wurde dann entlassen.

«Sie können sich vorstellen, was los war», sagte Weston. «Politischer Aufruhr. Die Armen wandern wegen einer Handvoll Reis ins Gefängnis, während die Reichen ungestraft töten dürfen und so weiter. Noch heute finden sich gelegentlich Anspielungen darauf in den Zeitungen.»

Ich dachte an das rote Jackett und den Botanischen Garten. «Nein. Ich habe nie davon gehört», sagte ich.

«Er ist verrückter, als die Polizei erlaubt, aber er ist frei und kann tun und lassen, was er will. Und alles, was er jetzt noch will, ist, Leute in sein Haus zu führen und ihnen das Zimmer zu zeigen, in dem das große Ereignis stattfand. Je mehr, um so besser.»

Ich sah meinen Anwalt die Bar betreten. «Es ist unglaublich, aber ich zweifle nicht an Ihren Worten», sagte ich zu Weston.

Dann wandte ich mich um und begrüßte den Inder, der über die schlechte Luft im Raum klagte. Wir setzten uns in die Halle.

Es gelang mir, so zeitig in Mount Lavinia anzukommen, daß ich vor dem Abendessen noch ein Bad nehmen konnte. Während ich im lauwarmen Wasser lag, versuchte ich mir die Reaktion von Hannah und Dodd auszumalen, wenn ich ihnen erzählte, was ich erfahren hatte. Ich selbst war höchst zufrieden, den Rest der Geschichte zu kennen. Doch sie waren alt und würden vielleicht anfangen zu grübeln oder es im nachhinein zu einem so unangenehmen Erlebnis hochstilisieren, daß es die Erinnerung an die Ferien beeinträchtigte. Ich hatte mich noch nicht entschieden, ob ich es ihnen sagen sollte oder nicht, als ich zu ihrem Zimmer ging, um sie zum Abendessen abzuholen.

Wir setzten uns an einen Tisch, der möglichst weit von der Musik entfernt war. Hannah hatte sich eleganter gekleidet als gewöhnlich, und sie unterhielten sich auch ein wenig munterer. Ich merkte, daß sie froh waren, nach New York zurückzukehren. Nach dem zweiten Gang fingen sie an, die Höhepunkte ihres Aufenthaltes Revue passieren zu lassen: der Tempel des Heiligen Zahns; das Paar bengalischer Tigerjungen in Dehiwala, das sie gestreichelt, bedauerlicherweise jedoch nicht gekauft hatten; das indonesische Dinner in Mr. Bultjens Garten, wo ein Hirtenstar zu Hannah gehüpft war und gekrächzt hatte: «Iß auf!»; die Kobra unter dem Sofa auf Mrs. de Sylvas Tee-Party.

«Und jener seltsame junge Mann in dem merkwürdigen Haus», setzte Hannah hinzu.

«Wie war das noch?» fragte Dodd und runzelte die Stirn, während er sich zu erinnern versuchte. Dann fiel es ihm wieder ein. «O Gott», murmelte er. «Dein spezieller Freund.» Er wandte sich zu mir. «Deine Mutter hat wirklich eine Vorliebe für diese Typen.»

Draußen rauschte der Ozean. Hannah schien in Gedanken verloren. «Jetzt weiß ich, wie es war», rief sie plötzlich. «Es war, als würde man von einem *bhikku* durch einen der Tempel geführt. Heißen sie nicht so?»

Dodd sog die Luft ein. «Und was für ein Tempel», gluckste er.

«Nein, ich meine es ernst. Dieser Raum hatte eine besondere Bedeutung für ihn. Es war eine Art Grabmal.»

Ich sah sie an. Sie war der Sache auf den Grund gekommen, ohne die Einzelheiten zu kennen.

«Das Gefühl hatte ich auch», sagte ich. «Natürlich werden wir es nie genau wissen.»

Sie lächelte. «Was ich nicht weiß, macht mich nicht heiß.»

Ich hatte sie den Ausdruck tausendmal verwenden hören, ohne je verstehen zu können, was sie damit meinte, denn er schien so offensichtlich falsch. Doch dieses eine Mal traf er zu. Ich nickte und sagte: «Ganz recht.»

Paul Bowles im Goldmann Verlag

Gesang der Insekten
Roman
Aus dem Amerikanischen von Pociao
Goldmann-Hardcover 30358
Goldmann-Taschenbuch 9782

Mitternachtsmesse
Erzählungen
Aus dem Amerikanischen von Pociao
Goldmann-Hardcover 30382

Eisfelder
Erzählungen
Aus dem Amerikanischen von Pociao
Goldmann-Hardcover 30399

Rastlos
Erinnerungen eines Nomaden
Aus dem Amerikanischen von Pociao
Goldmann-Hardcover 30396

So mag er fallen
Roman
Aus dem Amerikanischen von Maria Wolff
Goldmann-Taschenbuch 9081

Das Haus der Spinne
Roman
Aus dem Amerikanischen von F. R. Wendhousen
Goldmann-Taschenbuch 9120

Die Stunden nach Mittag
Marokkanische Erzählungen
Aus dem Amerikanischen von Pociao
Goldmann-Taschenbuch 9398

Mohammed Mrabet
M'hashish. Geschichten aus Marokko
Aufgezeichnet von Paul Bowles
Aus dem Amerikanischen von Carl Weissner
Goldmann-Taschenbuch 9293

Weitere Titel in Vorbereitung.